中国东北振兴研究院
东北全面振兴高端智库系列研究报告

东北地区打造
对外开放新前沿对策研究

程海东 著

东北大学出版社
·沈阳·

ⓒ 程海东　2022

图书在版编目（CIP）数据

东北地区打造对外开放新前沿对策研究 / 程海东著．—沈阳：东北大学出版社，2022.8
　ISBN 978-7-5517-3121-8

　Ⅰ. ①东… Ⅱ. ①程… Ⅲ. ①对外开放－研究－东北地区　Ⅳ. ①F127.3

中国版本图书馆 CIP 数据核字（2022）第 164891 号

出 版 者：东北大学出版社
　　　　　地　址：沈阳市和平区文化路三号巷 11 号
　　　　　邮　编：110819
　　　　　电　话：024-83683655（总编室）　83687331（营销部）
　　　　　传　真：024-83687332（总编室）　83680180（营销部）
　　　　　网　址：http://www.neupress.com
　　　　　E-mail：neuph@ neupress.com
印 刷 者：辽宁一诺广告印务有限公司
发 行 者：东北大学出版社
幅面尺寸：165mm×235mm
印　　张：9
字　　数：152 千字
出版时间：2022 年 8 月第 1 版
印刷时间：2022 年 8 月第 1 次印刷
责任编辑：刘新宇　刘振军
责任校对：杨　坤
封面设计：潘正一
责任出版：唐敏志

ISBN 978-7-5517-3121-8　　　　　　　　　　　　定　价：40.00 元

中国东北振兴研究院 编委会
东北全面振兴高端智库系列研究报告

顾　问　赵　继　迟福林　常修泽　张占斌
主　编　李　凯
副主编　孙　涛　高宏伟　刘海军
成　员　（按姓氏汉语拼音音序排列）
　　　　陈俊龙　程海东　董绍伟　段　炼
　　　　戢守峰　刘　钊　綦　勇　宋　戈
　　　　孙　萍　田鹏颖　王海涛　王世权
　　　　向　涛　郁培丽　张晓杰

前　言

2018年9月，习近平总书记在考察东北期间，专门主持召开了推进东北振兴座谈会，就东北地区深度融入"一带一路"建设，建设开放合作高地作出相关指示。2019年，习近平总书记对东北地区"对外开放要继续往更大范围、更宽领域、更深层次的方向走"和"打造对外开放新前沿"作出指示。这一系列的指示对扩大东北地区对外开放，促进我国沿海经济带的完善和国家区域发展总体战略的实施，特别是更好地为拓展东北亚区域合作指明了前进的方向。东北地区打造对外开放新前沿，有利于东北老工业基地的全面振兴、全方位振兴和全面提升东北地区对外开放的水平，有利于建立和完善我国扩大东北亚地区经济合作的前沿平台和事业，更进一步拓展我国对外开放的领域和空间，提升我国对外开放的质量，有利于在更大范围、更宽领域、更深层次上融入东北亚乃至世界经济体系中。

在东北全面振兴的大背景下，东北地区目前正处于转换新旧动能最好的时机，我国对外开放战略不断深化，在东北亚国际局势持续缓和的趋势下，东北地区在对外开放上应有新作为，以推动东北地区从制造业开放向服务贸易业拓展，从商品和要素的开放到规则和制度的开放升级，从经济全球化的积极参与者向引领者和推动者的转变，形成新的开放领域和格局，构建东北地区扩大开放的新机制和新动能。对于当前东北地区的全面振兴来说，打造对外开放新前沿应聚焦于重要方向、重点区域、重点城市，促进东北地区对外开放再上新台阶，着力打造开放的新高地，形成更大更全面的对外开放格局和模式。研究这些重要问题，有助于东北地区在东北亚次区域合作中发挥更大作用，推动东北地区经济社会的全面振兴，推进国家开放战略的实施。

作　者

2022年6月

目 录

第一章　东北地区打造对外开放新前沿的时代价值 …………… 1

第一节　为世界提供中国案例 ………………………………… 1
第二节　为中国提供示范案例 ………………………………… 7
第三节　为东北全面振兴提供新机遇 ………………………… 11

第二章　东北地区对外开放的曲折历程 …………………………… 14

第一节　东北地区对外开放的探索发展阶段（1978—1991 年）…… 14
第二节　东北地区对外开放的稳定积累阶段（1992—2005 年）…… 18
第三节　东北地区对外开放的调整阶段（2006 年至今）……… 21

第三章　东北地区打造对外开放新前沿的环境和基础 …………… 24

第一节　"一带一路"倡议 ……………………………………… 24
第二节　东北地区打造对外开放新前沿的政策规划 ………… 32
第三节　东北地区打造对外开放新前沿的历史底蕴 ………… 40
第四节　东北地区打造对外开放新前沿的现有基础 ………… 45

第四章　东北地区打造对外开放新前沿的新方向 ………………… 54

第一节　向东建设东北亚自贸区和中朝自贸区 ……………… 54
第二节　向西打通中蒙俄经济走廊 …………………………… 66
第三节　向南对接环渤海经济圈 ……………………………… 74

第四节　向北参与北极航线开发和对接俄罗斯远东发展战略 ………… 82

第五章　东北地区打造对外开放新前沿的新抓手 …………………… 93

　　第一节　推进大连自由贸易港建设 ……………………………………… 93
　　第二节　重点打造满洲里口岸 …………………………………………… 103
　　第三节　研究规划渤海海峡跨海通道 …………………………………… 110
　　第四节　建设"冰上丝绸之路" …………………………………………… 119

参考文献 ……………………………………………………………………… 129

第一章　东北地区打造对外开放新前沿的时代价值

在我国"一带一路"建设的大背景下,根据东北地区深度融入"一带一路"的势头和成果,展现出东北地区进一步融入"一带一路"建设的巨大潜力和宏伟愿景,以此彰显东北地区打造对外开放新前沿的时代价值:就世界而言,能够提供一个包容性全球化发展的中国案例;就国内而言,塑造一个深度融入"一带一路"建设的示范案例;就东北地区而言,为东北老工业基地全面振兴、全方位振兴提供新的机遇。

第一节　为世界提供中国案例

自2008年全球金融危机以来,全球化趋势面临着发达国家贸易保护主义的挑战,全球经济发展的不确定性不断增加。进入21世纪,新一轮的科技革命和产业变革为各国经济的发展和实现弯道超车提供了新的历史机遇,但其中也存在着宽容性不足的问题,落后国家并不能平等地分享此次科技革命和产业变革带来的机遇。就东北亚而言,安全形势并不乐观,缺乏制度化的经济合作机制,而且受历史和政治因素的影响,东北亚地区尚未成为"一带一路"建设的主要合作区,各国的参与度普遍较低。从地缘上来看,东北地区是我国与东北亚其他国家合作交流的前沿,推动东北地区深度融入"一带一路"建设,有助于把握新的全球化模式下的机遇,为东北亚国家进行合作协调提供一个新的平台,促进东北地区区域文化的传承、交流和发展,从经济、政治和文化的角度,为世界提供一个融入"一带一路"建设的中国案例。

（一）把握新的全球化模式下的历史机遇

我国的丝绸之路连接了世界主要的文明和文化起源地，不仅是亚非欧最古老的联通道路，更是不同文明相互碰撞、相互学习之路，可以说是经济全球化的早期形态，是不依靠掠夺和控制的全球化。新的"一带一路"倡议源自古代丝绸之路的历史倡议，是新时代经济全球化进程中的历史行为。

第二次世界大战之后确立的国际秩序在 21 世纪面临着新的变化和挑战：大国之间的博弈从未停止过，俄罗斯迫切需要进行社会和经济改革，美国仍然注重自身在全球资源分配中的主导地位，英国脱欧已成定局，全球的经济复苏和持续发展仍面临着众多不确定性因素，甚至出现了逆全球化趋势，全球治理也面临时而失灵的尴尬处境。尤其是新冠肺炎疫情以来，很多国家鼓励资本回流，全球化面临着前所未有的压力。

正是由于全球化不断深入，给全世界尤其是发展中国家带来了新的发展机遇，通过全球范围内的合理分工，真正将各国结合成一个命运共同体。当前，全球化议题除了经济领域的合作以外，生态环境问题、恐怖主义问题、自然灾害问题等一系列的全球问题需要各国之间的合作。当然，当下的全球化并非最理想的模式，发达国家的弱势行业和群体因为在这种全球化竞争中处于不利状态而常发出一些反对的声音。对于诸如此类的声音，要明确其中所蕴含的真实意图。当前，美国奉行的"美国优先"理念已经严重干扰了国际多边合作和全球化进程，使得后疫情时代的全球化必将发生新的变化，挑战将更加激烈。

在区域一体化和经济全球化的影响下，国际社会早已形成丝绸之路的认同。很多国家都以复兴丝绸之路为理念，表明愿意更密切地参与到"一带一路"建设之中。1997 年美国颁布了《丝绸之路战略法案》，该法案的战略目标就是为了遏制俄罗斯，以此来保证美国的能源安全以及美国价值观得以实现。美国国会在 1999 年顺利通过了《丝绸之路战略法案》，该法案授权美国政府采取相应措施为中亚和南高加索地区消弭冲突、基础设施建设、人道主义需求、经济发展、边境管控、民主以及公民社会的建设提供支持。① 韩国在"丝绸之路"战略框架下，旨在通过与俄罗斯和中国的铁路网络，将韩国与欧亚能源等资源通道连接起来，并推出了多项行动战略。中国为了进一步发展和世界的繁荣，正在积极作为，提出"一带一路"倡议恰逢其时。这不仅是对孤立、狭隘的反全球化的积极回应，也是应对世界和平与发展主题的现实行动。"一带一路"倡议旨在构建健康的多边主义，为建设一个繁荣美丽的和谐新世界贡献中国智慧。

在此背景下，东北地区的改革开放相对缓慢。从参与全球化的角度看，东北地区比我国沿海地区起步较慢，参与度较低。基于国内较发达地区参与全球化的经验和成果来看，东北地区必须实现更高质量的对外开放，依托新时代的"一带一路"倡议，主动出击，倡导以先进技术和标准打造优质产品和服务，在更深层次、更广的领域融入世界经济。为此，东北地区要深度融入"一带一路"倡议，以"一带一路"推动东北地区的全面开放和全面振兴：打造多层次、高水平的开放平台，加快国际产能合作，推进海洋事业国际合作，强化竞争新优势；持续完善高水平开放的现代经济体系，消除行政冗余，全面优化营商环境，振兴民营经济，建设绿色丝绸之路；建设东北亚对外开放门户，积极对接非洲国家、中东欧国家与北极国家之间的战略合作，在新一轮对外开放中推动海陆大通道格局的形成。

(二) 构建东北亚国家之间的沟通平台

第二次世界大战之后形成的东北亚国家之间的格局造成了多年来的紧张局势，近些年来有所缓和，国家之间的交往也有所拓展和深化。中俄关系得到全面改善，俄罗斯在面临西方国家压力的同时，加强了东方战略，将中国作为主要的外交目标，认识到积极对接"一带一路"倡议可以有效制衡美国等霸权国家，同时俄罗斯远东发展战略为中俄区域合作，特别是为与我国东北地区合作提供了新机遇。俄罗斯在2012年成立远东发展部和远东发展公司，负责远东地区机场、港口、道路等基础设

---

① 黄民兴, 陈利宽. 阿富汗与"一带一路"建设：地区多元竞争下的选择 [J]. 西亚非洲, 2016 (2)：16-31.

东北地区打造对外开放新前沿对策研究

施建设和自然资源的开发。① 对于俄罗斯而言，中国是最具竞争力的合作伙伴，无论是资本、技术、人才，还是市场等领域。俄日关系起起伏伏，"俄乌冲突"爆发之前，两国政府都意识到双边关系不应完全被领土争端所绑架，交往逐渐密切，一定程度上显示出积极交往的信号；"俄乌冲突"爆发之后，日本跟随美国对俄罗斯采取强硬政策，俄日关系又转入低谷。中日关系原本也稳步改善，主要是日本政府在历史问题、钓鱼岛问题等方面采取了理性态度，对华态度逐渐好转，两国政府和领导人都确认努力建设符合新时代要求的双边关系；中日两国有着良好的经贸优势互补条件，民间交流基础良好，但随着日本对美国亚态战略的配合以及在台海问题上的错误立场和行为，中日关系在当前和今后一段时间也将处于较为困难状态。中韩关系总体良好，2017年以来，两国已恢复各领域合作，但因韩国部署萨德系统以及韩国对美国亚态战略的配合所造成的问题并不是短期内能得到解决的，而且美国意欲在韩国部署中程导弹也给中韩关系蒙上新的阴影。② 朝鲜半岛南北关系跌宕起伏，2018年，韩朝签署"板门店宣言"，开启了推动朝鲜半岛无核化的新篇章，2018年的新加坡会晤，双方承诺在朝鲜半岛建立长期稳定的和平机制，2020年朝鲜开城工业园区的朝韩联络办公室大楼被炸毁，以及韩国政府的更替，韩国在南北关系上趋于保守和强硬，半岛南北关系又蒙上阴影。

总的来说，韩朝关系是东北亚地缘政治格局的风暴眼，在此背景下各国依然在寻求可能的合作与发展思路，最具代表性的是中日韩呼吁构建东北亚一体化建设。在世界百年未有之大变局的背景下，中日韩必然将区域合作作为发展战略。2019年12月，中日韩领导人在成都会晤，文在寅提出三国是经济上的命运共同体。2017年以后，日本开始转变对"一带一路"倡议的态度，为中日、中韩之间的合作提供了契机。习近平总书记在2018年9月第四届东方经济论坛上发表的题为《共享远东发展新机遇 开创东北亚美好新未来》的致辞，承诺中国坚持积极推动东北亚

---

① 刁秀华. 中国东北与俄罗斯远东超前发展区对接合作研究［J］. 财经问题研究，2018（4）：116-122.

② 郭锐. 新时期推动中韩关系发展的思路探讨［J］. 东北亚学刊，2019（1）：36-44.

区域多领域合作，促进本地区和平稳定和发展繁荣。① 但在美国亚太战略之下，东北亚各国之间原本趋于缓和的关系又面临着巨大挑战，前景并不明朗。对于我国而言，需要根据我国的区位优势、中日韩自贸区建设的进展、区域一体化积极因素不断增多的趋势，推动我国积极参与东北亚区域合作。在"一带一路"框架下打造东北亚区域合作的东北通道，通过基础设施建设进一步联通东北亚各国，打通"21世纪海上丝绸之路"与北极航线、中蒙俄经济走廊的对接，增强区域发展合力，共同推动东北亚区域合作走向深入。

我国东北地区与俄罗斯远东地区相邻，是我国面向东北亚的重要窗口。通过中蒙俄经济走廊、冰上丝绸之路等通道推动东北亚区域经济贸易发展和建立促进区域对话的交流平台。具体来说，可以有以下几个途径：一是推动建立国家层面的政府间稳定协调机制，形成完善的合作格局，将"一带一路"倡议制度化、规范化、长效化；二是构建常态化的东北亚国家经贸交流平台，会聚更多专家、学者、知名企业家进行对话；三是推动东北地区重点城市群与国内其他城市群之间的合作交流，加强与国内相对成熟的区域性城市群之间的对话与合作，推动城市群之间的经验借鉴和错位发展；四是在东北地区内部，完善地方政府联席会议机制，整合区域资源，健全区域合作机制，强化地方政府间的沟通与协调。

（三）推进跨境文化的传承发展

东北地区拥有众多的少数民族，而且有赫哲族、俄罗斯族、鄂温克族、蒙古族、朝鲜族、鄂伦春族共6个跨境民族，分布在不同的国家，形成了独特的跨境民族文化。与内陆少数民族不同，跨境民族分布在边境两侧，属于不同国家，这使得同一民族之间的民族认同存在明显差异；又由于同根同源的民族历史、风俗、宗教信仰等方面表现出整体的连贯性，彼此之间具有天然的亲密感和认同感。

"一带一路"建设的顺利推行需要合适的社会基础，当国家在政治基础、意识形态和文化传统等方面存在差异时，真正的沟通和了解是困难

---

① 习近平. 共享远东发展新机遇 开创东北亚美好新未来[EB/OL].(2018-09-13)[2022-03-06].http://cpc.people.com.cn/n1/2018/0913/c64094-30289798.html.

的，需要从文化这一根本角度着手。东北地区文化具有普遍的包容性，尤其是跨境民族文化，源于同一母体，却又在不同的文化体系中发展，具有很强的开放性，以跨境文化之间的交流带动不同国家之间的交流是最自然的。分属于不同国家的同一民族之间的相互关心，有着广泛的交往和交流，这种跨境民族文化交流为东北地区加强区域合作，融入"一带一路"建设搭起了无形的桥梁。民族文化作为世界文化遗产宝库的重要组成部分，民族文化的保护、传承和发展是多民族国家面临的问题。在新型工业化的推动下，东北地区城镇化进程加快，也带动了跨境民族地区的城镇化转型，鄂伦春族、鄂温克族已经从山林转移到了城市。① 城镇化改变了少数民族的生活状况，促进了各民族之间的接触和互动，但相同的生活环境驱动少数民族在生活方式上逐步趋同，使得原本保存相对完整、不同类型的民族文化也岌岌可危。"一带一路"是一个综合性的开放平台，跨境民族可利用"一带一路"建设的历史机遇，围绕自身独特的文化和地理优势进行全方位战略布局，促进民族间文化的交流和互鉴。因此，以"一带一路"为平台，协调东北边境民族社会发展，推动东北地区不同民族之间的广泛交流，最大限度地发挥自身的文化功能。②

为此，首先，要树立多元文化共存的观念。在全球化的驱动下，不同国家多元文化共存，跨境民族必须有足够的文化自觉，既不搞文化霸权主义，也不搞民族中心主义，同时要看到自己文化中的优势和劣势。多元文化共存意味着不同民族之间承认文化的差异，在尊重这种差异的基础上建立平等的关系，做到相互尊重和包容。其次，要发挥民族教育的作用。民族文化在最基本的信仰、价值观、世界观、养育方式上可以保持长久不变，可以通过教育教会孩子们珍视自己的文化，保护和继承自己的文化。最后，要加强民族文化的保护。民族文化的保护需要严格限制过度的旅游和商业开发，使保护区内的人们尽可能按照传统方式生活，保护民族文化场所和设施，包括建立民族文化博物馆，保护各民族的文化遗产，特别是非物质文化遗产。

---

① 杜有, 孙春日. 图们江区域融入"一带一路"倡议的文化视角研究［J］. 北方民族大学学报（哲学社会科学版），2018（1）：70-74.

② 朴婷姬, 李瑛. "一带一路"视阈下东北跨境民族文化传承与发展［J］. 大连民族大学学报，2016（6）：543-546.

第二节　为中国提供示范案例

新时代以来，我国不同区域不断推进相应的发展战略——西部大开发战略、东北振兴战略、中部崛起战略、东部率先发展战略——为区域协调发展奠定了基础。"一带一路"建设、京津冀协同发展、长江经济带建设则引领区域协同发展。战略之间的对接是我国区域协调发展的大棋局，其中"一带一路"倡议是基于四大板块（东部地区、西部地区、中部地区、东北地区）区域布局的延续，将成为中国未来区域经济发展的主要动力之一。东北地区，要深度融入"一带一路"建设，完善国家区域经济布局，以带动解决区域发展不协调不平衡问题。

（一）完善国家经济整体布局

改革开放以来，我国对区域经济的协调发展问题时刻保持着高度重视，为了完善区域发展战略，持续出台了一系列改革措施和指导意见，推动不同区域实现协调发展。20世纪80年代，在改革开放的大背景下，以开放沿海城市为重点启动区域经济不平衡发展战略，增强区域竞争力，推动东部沿海经济快速发展。21世纪初期，中央针对中部、西部和东北地区发展乏力，与东部沿海地区差距拉大的问题，连续推出"西部大开发战略"、《关于进一步实施东北地区等老工业基地振兴战略的若干意见》、《关于促进中部地区崛起的若干意见》，以及配套细化政策措施，统筹推进东中西以及东北四大板块的发展，各区域经济社会取得了重大发展。[①]"十三五"期间，"一带一路"倡议、京津冀协同发展战略、长江经济带发展战略相继提出并实施，为连接和推动四大板块协调发展发挥着重要作用，推动了各地区发展战略的整体升级，契合了新时代区域发展的新要求、新趋势。其中，"一带一路"倡议是我国提出的国家级顶层合作倡议，是加强次区域与跨区域合作的新方向。"一带一路"倡议将我

[①] 北京市社会科学院课题组. 中国区域经济40年的发展成就与展望［J］. 区域经济评论，2019（6）：23-34.

国东部沿海地区通过中亚与欧洲连接起来,通过海上丝绸之路与南亚西亚国家连接起来,通过中蒙俄经济走廊将东北亚国家连接起来,我国与沿线国家之间在经济、技术、能源等方面具有很强的互补性,合作空间和发展潜力巨大。其中以东北地区为中心的中蒙俄经济走廊建设,在很大程度上推动了东北地区的发展。① 从四大区域协同推进战略到"三个支撑带"战略,我国区域发展的整体布局更加清晰合理,我国区域经济发展进入了平衡协调的"新时代"。当前,相对于我国其他三个区域的发展,东北地区相对薄弱,借助"一带一路"建设,为东北地区的发展注入动力,实现基础设施的互联互通,将东北地区的腹地连通到广阔的国际市场,使东北地区成为国家区域经济中心之一,有助于补齐短板,完善区域经济发展总体战略布局。

(二)推进东北地区与京津冀的对接

2015年4月30日,中共中央政治局审议通过了《京津冀协同发展规划纲要》,标志着京津冀协同发展成为国家又一重大区域发展战略。京津冀协同发展战略是要在国家版图上的"心脏地带"形成一个产业结构科学、空间布局合理、人居环境优良的区域经济增长极,不仅要解决北京的"大城市病",也要成为带动我国北部地区发展的发动机,为拓展环渤海经济圈、东北亚区域经济合作提供了强大的支撑平台,将京津冀地区与东北地区更加紧密联系起来,为京津冀地区和东北地区的发展和对外开放提供了更大的空间和更广阔的市场。

京津冀协同发展带来的产业转移为东北地区的全面振兴、全方位振兴提供了新机遇。2016年4月,国务院发布的《中共中央 国务院关于全面振兴东北地区等老工业基地的若干意见》中明确指出了"东北振兴务必要做好与京津冀协同发展战略的相互对接工作",这为东北振兴打开了一扇新门。事实上,东北地区与京津冀地区在产业结构、资源结构、科技研发等方面具有互补潜力,得当的政策措施将极大提高京津冀地区在东北经济发展中的辐射带动作用。对东北地区来说,与京津冀地区的产业转移实现对接,打造协同发展战略先行区,为东北地区实现产业升级

---

① 孙久文."一带一路"战略与加快区域经济发展 [J]. 开发研究,2017(1):1-5.

提供了新途径。一是做好政府层面的对接，建立地方政府统一协调机制，以避免区域间的产业竞争，采取灵活多样的招商模式，明确产业对接的主攻方向，选择具有良好前景和核心竞争力的行业进行一揽子招商引资。例如，辽宁省可以以高端装备制造、石油化工、新材料为主，黑龙江省则以铁路装备、农产品深加工、木材加工为主，地方招商过程中对接京津冀行业龙头企业，推动东北地区实现产业升级。二是做好企业层面的对接，加强跨区域企业在产业链上的纵向和横向合作。在纵向上，东北地区企业加强与京津冀地区上下游企业的合作，以降低企业生产成本、开拓市场和增加产品的循环利用，实现产业集聚；在横向上，东北地区企业与京津冀地区的企业在技术研发和营销上实现深度合作，以整合企业资源、节约研发成本、共享市场信息。三是做好产业园区层面的对接。在对接京津冀产业转移的过程中，东北地区需要合理引导各园区规划发展方向，从产业集群的角度与京津冀企业对接，加快产业园区上下游企业的整合，优化资源配置，拓展服务功能，深化"组团式规划、板块式发展"。① 东北地区在很长一段时间，其工业结构都是以重工业为主，资源枯竭、生态环境问题突出，产业对接要提高准入门槛，重点引进高附加值的高新技术项目，实现环境友好和产业增值的双赢。

（三）提升东北主要城市群实力

自"十一五"规划以来，城市群作为我国城镇化建设的新方向，成为新型城镇化建设的主体形态。"十三五"规划中城市群建设步伐加快，着力建设19个城市群，而对东北地区的表述是"发展壮大东北地区城市群"。东北地区在规划的引导下，加强地方协调，提出强化四个核心城市对周边的辐射和带动作用，共同建设开放、互联、绿色、共享的现代城市群，以城市群建设带动区域发展。这意味着东北地区正逐渐摆脱传统的分割管理、各自为政的模式，重新从国家发展战略的高度出发，建设世界一流城市群。对东北地区而言，最突出的是辽中南城市群和哈长城市群，具有鲜明的主导产业和相对完善的配套产业结构，对东北地区的

---

① 盛光华，葛万达，王丽童. 新一轮东北振兴视角下京津冀产业转移与东北地区产业对接问题研究［J］. 当代经济管理，2017（6）：37-43.

发展具有特殊的意义。因此，推动辽中南城市群和哈长城市群的协调发展，加快构建便捷、高效、安全的综合交通网络，促进新一轮产业集群建设，将为东北区域经济增长提供新动力，促进城乡协同发展，实现东北老工业基地振兴。目前，辽中南城市群和哈长城市群的产业结构长期相对单一，经济发展缺乏韧性，市场变化的响应速度跟不上，再加上资源枯竭导致的发展后劲不足，导致发展方向不明确、人才外流、公共服务落后等一系列问题，严重影响东北地区经济转型升级。因此，强化哈长城市群、辽中南城市群建设，对于实施国家级区域协同发展战略，增强区域整体实力具有重要的现实意义。①

"一带一路"倡议提出以来，国内节点城市建设已成为引领区域经济转型和高质量发展的引擎。在东北地区，主要形成了哈长城市群、辽中南城市群、辽宁沿海城市群、东部城市群。在"一带一路"建设的规划下，北向建设的主体包括京津冀地区、东北地区和内蒙古，其中京津冀地区的经济实力雄厚、产业基础雄厚、人文资源政策优势突出，处于核心位置；以内蒙古为主的呼包鄂榆城市群是连接蒙古与俄罗斯，打造民族交流和文化优势的前沿；辽中南城市群、哈长城市群则是东北地区面向俄罗斯、蒙古、日本、朝鲜和韩国开放的前沿。因此，东北地区的城市群将积极参与"一带一路"建设，根据功能定位优化城市群空间布局，形成东北地区全面对外开放的新格局。东北四大核心城市要继续发挥引领作用，逐步解决中心城市首位度低、中等城市增长缓慢、城市规模发展的强路径依赖等现实问题，继续发挥中心城市的带动效应。充分发挥城市群一体化协调统筹机制，协调城际政府关系和政企关系，优化人口和资源配置，有效遏制和扭转人才资源外流和生态环境恶化的趋势。依托哈大交通干道、中蒙俄经济走廊和辽南沿海经济带，形成一体化发展格局，打通东北亚资源和生产要素顺畅流通的大动脉，优化城市群空间布局。东北地区要立足于东北亚整体经济发展格局，打造"一带一路"北线重要枢纽城市建设，加大远东贸易通道建设，探索与周边国家产业互补的有效机制，打造开放型工业体系新优势，实现对外开放和高质量

---

① 张敏，胡建东.以立体化城市群建设带动东北全面振兴的对策［J］.经济纵横，2019（7）：57-62.

发展的东北范例。

第三节　为东北全面振兴提供新机遇

自实施老工业基地振兴战略以来，四大老工业基地逐渐褪去身上的锈迹，转变成新时代全面振兴的新起点。东北地区作为最大的老工业基地，经济新常态下，城市经济发展遭遇到严重困境，引发了一系列经济社会问题。东北地区的振兴要解决结构性系统问题，加快产业结构调整和动能转换。"一带一路"倡议创造了这样的机遇，尽管振兴东北不能完全依赖"一带一路"倡议，但客观上，"一带一路"有助于为东北工业发展输入新动能，是推动东北高质量对外开放的重要因素。

（一）东北产业发展新动能

对于东北地区来说，深度融入"一带一路"建设有助于解决振兴过程中产业转型升级的问题，以更加开放的姿态融入国际市场，实现新旧动能转换和发展方式转变。

改革开放之后，我国经济长期持续地快速增长，得益于东部沿海地区深度融入世界产业链的驱动。"一带一路"倡议推动了沿线国家充分融入东西方合作的全球化，特别是融入全球产业链的深度，不仅可以与发达国家重构产业链，也可以与新兴经济体形成产业互动。东北作为我国的老工业基地，工业经济产能过剩，产业结构现代化水平不高。当前经济新常态下，面对经济转型、去产能和绿色发展的压力，东北地区融入"一带一路"建设能否实现从进口低端产品转型为出口高端产品，实现产业结构转型升级，既是破除"中等收入陷阱"，实现经济社会各领域全面改革发展的关键，也是东北深度融入"一带一路"建设的关键。

从培育高端产品、打造高端产业链的角度来看，东北地区融入"一带一路"建设具有一定的比较优势。东北地区可以通过相应的政策措施，立足自身优势产业，逐步培养壮大高端产业，打造具有世界影响力的品牌，形成市场优势。具体来说，通过促进投资等方式促进产业创新发展。东北地区可以将现有产业基础与区域比较优势相结合，准确把握产业发展新趋势，共同提高产业技术水平，促进产业转型升级。利用国内外资源发展现代外向型加工业，积极拓宽投资渠道，引进先进技术和工艺，推进产业技术化和特色化发展。① 在此过程中，搭建国际合作平台，不仅可以拓展东北地区的对外开放，也有助于东北地区尽快形成深度投资网络，寻求产业创新合作机会，提升东北地区在全球价值链中的定位。如中国图们江区域国际合作示范区正在加快推进 50 万吨石油保税仓库、苏玛物流园、韩国浦项现代国际物流园区等 75 个重大项目建设。② 在引进来之外，还可以通过走出去释放直接对外投资效应。东北地区融入"一带一路"建设，推动东北地区企业走出去，既是转移过剩产能，也是获取高新技术、市场信息和管理经验，推动产业结构升级，实行经济增长。对于"一带一路"沿线资源优势国家，可以通过扩大投资，利用境外资源发展外向型资源矿业企业，深化产业链合作，缓解东北地区发展的资源瓶颈；对于沿线市场优势国家，可以通过产能合作，外销东北优势产品，如装备制造、石化、新能源等富裕产能，打造东北经济优势；对于沿线技术优势国家，可以通过参与沿线国家的科研合作或者聘用科技人员，以获得处于国际前沿的技术，缩小技术差距。

（二）东北对外开放新通道

在全球化时代，基础设施互联互通是经济增长的先决条件，通过海港和空港聚集的海量人流、物流和信息流是参与全球竞争的重要条件。在东北地区，融入"一带一路"建设的第一步，就是促进基础设施互联互通，通过提高陆、海、空以及网络基础设施水平来改善东北在全球运输网络中的位置，在提高效率的同时降低资源流通和聚合的成本。黑龙江省在融入"一带一路"建设的过程中，通过桥梁和口岸的建设，打通和拓展了黑龙江省通往俄罗斯的陆路连通，同江铁路大桥、黑河公路大桥、黑瞎子岛口岸、东线天然气管道、中欧班列以及航线的开通和稳定

---

① 赵儒煜，韩冰. 东北地区融入"一带一路"的理论前提和现实路径选择［J］. 当代经济研究，2016（6）：79-84.

② 孙才志，刘天宝. 东北地区深度融入共建"一带一路"的多重背景、核心目标与行动策略［J］. 经济纵横，2019（9）：47-57.

运营，为黑龙江省的跨境通道建设实现了大突破；① 辽宁省从 2018 年开始，"辽海欧"国际运输通道开辟第二条北极航线，长白通（丹）大通道的规划建设、"辽满欧"大通道的正常运行、大连港与营口港的整合、中欧班列的正常运营，对提高辽宁省对外开放水平起到重要作用；"长满欧"班列的开通也提高了吉林省的对外开放水平。②

（三）东北对外贸易新局面

改革开放 40 多年来，东北地区的贸易伙伴相对固定，抵御环境冲击的能力相对较差。深度融入"一带一路"建设，有利于东北地区扩大贸易市场，与沿线欧洲、中东乃至非洲不同地区的贸易扩大，以减少传统经济波动带来的负面影响。截至 2018 年，黑龙江省与 35 个国家的地方政府和城市建立了 93 对友好合作关系，与韩国、日本、俄罗斯等建立了区域友好商会，实现定期或不定期的互访、交流、考察等活动，区域合作范围不断扩大；吉林省与 83 个国家的地方政府建立了友好合作关系，与近 400 家跨国公司建立了友好合作关系；辽宁省与沿线 27 个国家结成了 17 个友好省州和 69 个友好城市，搭建了多个合作平台，特别是帮助中小企业拓展市场。据统计，新型冠状病毒肺炎疫情暴发前的 2017 年，东北地区与"一带一路"沿线国家进出口贸易额达到 6169 亿美元，同比增长 22%，占全国与"一带一路"国家进出口贸易总额的 4.3%。③ 后疫情时代，进出口贸易逐步回暖，东北地区与沿线国家和地区的贸易合作不断深化，相互交流逐步改善，东北地区不断提高企业产品质量，增强产品国际竞争力，推进出口品牌建设，传统经贸领域合作将继续融合，新领域将快速发展。

---

① 孙才志，刘天宝. 东北地区深度融入共建"一带一路"的多重背景、核心目标与行动策略［J］. 经济纵横，2019（9）：47-57.

② 田长生. 系统论视域下东北老工业基地供给侧改革进路［J］. 系统科学学报，2019，27（2）：101-105.

③ 刘国斌，田峰. "一带一路"建设对我国东北地区发展格局的影响［J］. 黑龙江社会科学，2020（3）：68-72.

第二章 东北地区对外开放的曲折历程

改革开放以来,东北地区跟随国家对外开放格局的深入,也在不断拓展对外开放的领域和方式,积极打造对外开放的桥头堡,对外开放不断深入。但是与国内东部沿海地区相比,东北经济增长的放缓影响了对外开放的成效。新时代以来,在新的国际国内形势下,东北地区正在积极打造对外开放新前沿,提升对外开放水平和质量,以配合国家对外开放战略和带动东北地区的全面振兴。

第一节 东北地区对外开放的探索发展阶段(1978—1991年)

裴长红、洪俊杰和尚辉、姜晓娟、盛斌及卫方、刘建利等总结了我国对外开放的发展历程,他们都把1978—1991年界定为我国对外贸易(或者说是吸收FDI)的早期阶段,是我国对外开放的一个特殊时期,遵循着以沿海经济特区为起点,沿海开放城市、沿海经济技术开发区为重点,再到内陆经济技术开发区的发展思路,形成了从点到线再到面的开放模式。发展至今,我国已经基本确立了市场化的对外开放管理体制,但在空间布局和沿东部沿海地区聚集的倾向还在一定程度上存在。

第二章 东北地区对外开放的曲折历程

（一）对外开放体制的探索

1. 总体开放制度框架

在改革开放政策出台之后，我国出台了相应的法律法规，对对外开放做出制度安排。1979年颁布《中华人民共和国中外合资经营企业法》，对外资进入中国作出规范，也确立了外资在我国的法律地位。1980年颁布《中华人民共和国中外合资经营企业所得税法》《中华人民共和国外汇管理暂行条例》《中华人民共和国中外合资经营企业登记管理办法》等。到1982年修订《中华人民共和国宪法》，在国家根本大法里明确了外商投资和外资企业在我国的法律地位。1983年颁布《中华人民共和国中外合资经营企业法实施条例》，1984年颁布《中华人民共和国专利法》，一直到1991年，相继颁布了《中华人民共和国涉外经济合同法》（1985年）、《国务院关于鼓励外商投资的规定》（1986年）、《中华人民共和国外资企业法》（1986年）、《外商投资企业和外国企业所得税法》（1991年）等法律条例，为我国对外商投资企业的管理提供了可操作性的法律依据，从制度层面保护了外国投资者的合法权益，为吸收外资、促进对外贸易提供了制度基础。在土地、税收、融资、外汇、进出口等方面对外资企业提供了一系列优惠政策，鼓励外商对我国进行投资。

1978—1991年，我国在对外开放领域的立法工作取得了长足的进步，仅全国人大及其常委会通过的法律法规就有200多项，相关部门出台的规章就更多了，这些法律法规形成了对外开放的最初制度基础，力图形成市场化、国际化的开放体系，从计划经济体制逐渐向市场经济体制转变。此阶段，我国还处于新经济建设方式的摸索和试错阶段，很多制度还没有实现大的飞跃，一些人对改革开放政策的可持续性存疑，导致我国出台了各种保护外商投资的法律、法规和政策体系，但外商投资在此期间发展缓慢，外贸额及其增速才开始起步。

2. 空间开放政策

从对外开放的空间政策来看，此阶段还处于政策出台和试验阶段，选择东部沿海地区少数城市作为试点，对东部地区的对外开放有很大的支持。1980年，国家设立深圳、珠海、汕头、厦门四个经济特区，后又将海南岛全岛设立为经济特区，旨在通过税收、土地、外汇等一系列优惠政策吸引外资，学习发达国家的先进技术和管理经验，发展对外贸易。截至1989年底，五个经济特区实际使用外资41亿美元，占全国的四分之一以上；出口38.5亿美元，占全国的近十分之一。在经济特区的基础上，继续扩大沿海开放，1984年，从北到南开放大连、秦皇岛、天津、烟台、青岛、连云港、南通、上海、宁波、温州、福州、广州、湛江、北海等14个沿海城市，设立国家级经济技术开发区。1985年将长三角、珠三角正式确定为沿海经济开放区。1988年，进一步将杭州、南京等140个沿海市县纳入经济开放区，实施经济特区的部分优惠政策。1990年，上海启动浦东新区建设，并设立上海外高桥保税区。从这一系列的开放城市和地区看，东部沿海地区的对外开放明显受到了政策的支持，各种优惠政策为沿海地区的对外开放创造了不同于其他地区的制度和政策环境，鼓励和支持了东部沿海地区的市场化开放机制的逐步形成，建立了众多外资企业，为下一阶段贸易特别是加工贸易的发展奠定了基础。

3. 贸易和产业政策

在此期间，我国贸易体制改革的主要目标是突破高度集中的计划经济贸易体制，建立分散的市场化贸易体制。相应地，逐步将集中统一的进出口经营权、外汇使用审批权、进出口机构设置审批权逐步移交给各级部门和地方政府，最大限度地发挥各级部门、地方政府和企业的积极性。从具体的贸易和产业政策来看，采取了各种激励措施，主要是为了吸引外资企业。1987年开始将承包责任制扩展到贸易公司，1988年印发《关于加快和深化对外贸易体制改革若干问题的规定》和《全民所有制工业企业承包经营责任制暂行条例》，打破了计划经济体制下的外贸制度。此外，我国还对生产性外资企业给予"两免三减"税收优惠，给予外贸企业出口退税等一系列优惠政策。

（二）不同区域整体状况

此阶段我国的外贸管理体制还是非常集中的，对外开放的空间布局效能并未充分得以展现，企业的自主经营权还远未实现，外贸决策主要还是由管理部门来作。对外贸易和吸引外资增长较慢，对外贸和外资的利用还处于探索阶段，资本主义国家和地区虽然已开始关注和投资于我国开放地区，但整体上还处于观望状态，投资有限。东部沿海地区的开放布局比较分散且稳定，未能形成明显的聚集。

通过比较此阶段我国不同区域的进出口总额，可以发现对外贸易大体呈现如下特点。第一，出口主要集中在东部沿海和东北地区，东部沿海地区占据明显的优势，占比达到 70%~80%，东北地区占比超过 10%，最高年份达到 20%，中部和西部地区所占份额极低；东部沿海地区为进口的主要集中地，占比高达 90% 以上，其他地区占比很低，尤其是东北地区，进口额远低于出口额，这应该是与各地区的产业结构有关。东北地区以自主性的重工业为主，进口中间产品相对较少，而东部地区以加工贸易为主，需要进口更多的中间产品。第二，从外贸份额的变化上看，东部地区所占进出口份额变化不大，出口份额有些微下降，1991 年出口额低于 1983 年。与东部沿海地区相反，中部和西部地区的进出口份额呈上升趋势，1983—1987 年显著增加，然后开始缓慢下降，但总体进口份额仍在上升；东北地区的进口份额一直在上升，出口额在 1983—1987 年持续增长，之后有所下降，但总体仍然在增长。

此阶段，我国对外贸易的管理体制还在探索之中，并未完全建立起来，统一的管理体制仍然发挥着主导作用，企业自主权并未建立起来。尽管东部地区在外贸中占据绝对主体地位，但由于总量较小，各区域之间所占比重变化不大，外贸发展水平较低。到了 20 世纪 80 年代中后期，外贸领域的积极改革改变了我国的外贸布局，东部地区发展较快，造成区域间外贸比重的差异逐渐扩大。

在此期间，我国实际使用外资并未出现向东部沿海地区聚集的大趋势，尽管在不断增长，但各区域所占比重的差别并不显著。东北地区吸收的外资也在明显增加，中部地区同样有所增加。总体上看，此阶段我国实际吸收外资规模不大，处于起步阶段。

从外资和外贸的分布情况看，此阶段东部地区的外贸和外资主要集中在北京、广东和上海，其他地区的比例相对较低。在东北各省中，对外贸易和外资都集中在辽宁。因为东北地区的重工业主要集中在辽宁省，大连作为东北重要港口城市也位于辽宁省，为辽宁省外贸发展做出了贡献。实际利用外资与外贸状况相似，主要集中在辽宁省，随着时间的推移，这种趋势越来越明显。

第二节 东北地区对外开放的稳定积累阶段（1992—2005年）

1992年邓小平同志的南方谈话，为国内国外对改革开放的所有存疑吃下了定心丸，改革开放步伐加快，目标更加明确，市场化经济体制改革特别是对外开放的管理体制改革步伐加快，利用外资政策框架加快推进。上海浦东新区的成立和建立社会主义市场经济体制的正式提出，都表明我国的对外开放从初期的政策开放向制度开放转变。对外资而言，我国的开放目标和政策是连续而不断深入的，从观望犹豫转变为积极参与。1992年以后，我国实际利用外资和对外贸易增速明显加快，2001年加入世贸组织，将我国经济发展与全球产业体系更紧密地连接起来，外贸和吸引外资的增速更快。此阶段，我国的对外开放逐步从东部沿海开放向内陆开放推进，但是外贸和吸引外资还是主要向沿海地区聚集，与其他区域之间的差距在扩大。

（一）管理制度持续完善

1. 制度框架的完善

邓小平南方谈话之后，我国的对外开放再次加速，开放体制框架不断完善。1992年党的十四大报告明确提出"我国经济体制改革的目标是建立社会主义市场经济体制，要进一步扩大对外开放，形成多层次、多渠道、全方位的对外开放格局""进一步扩大对外开放，更多更好地利用国外资金、资源、技术和管理经验"。此后出台的《中共中央关于建立社会主义市场经济体制若干问题的决定》《中共中央关于制定国民经济和社会发展"九五"计划和2010年远景目标的建议》都是围绕这一目标的具体化和细化。

伴随着经济体制改革目标的明确，1994年颁布《中华人民共和国对外贸易法》，对外贸中的一系列问题在法律层面进行了明确和规范，对外贸的管理走上了法治化轨道。1994年颁布的《中华人民共和国公司法》，使国有企业的改革进入实质性阶段，为外资进入国企改革提供了保障。

《关于设立中外合资对外贸易公司试点暂行办法》（1996年）、《中华人民共和国反倾销和反补贴条例》（1997年）等法律法规的出台，表明我国要建立符合国际惯例和规则的管理体制。此后，一系列法律法规密集出台，《中华人民共和国货物进出口管理条例》《中华人民共和国技术进出口管理条例》《中华人民共和国中外合作经营企业法》《中华人民共和国中外合资经营企业法》《中华人民共和国外资企业法》《中华人民共和国反倾销条例》《中华人民共和国反补贴条例》等，建立起了较为完善的对外贸易法律体系，极大地促进了我国对外贸易的发展。到2005年，我国货物进出口总额达到116921.8亿人民币，稳居世界第三位，出口比重上升到7.3%，进口比重上升到6.1%，与1978年的355.0亿人民币相比，增长了近330倍。

2001年，中国正式加入世界贸易组织，对外开放和机制建设进入全面深化阶段，市场化改革，特别是法治建设取得了长足的进步。1999—2005年，仅中央层面就制定、修订和废止了3000多部法律法规和部门规章，基本解决了与国际多边规则的相容性问题。另外，根据世贸组织规则，修订了《中华人民共和国中外合作经营企业法》《中华人民共和国中外合资经营企业法》《中华人民共和国外资企业法》，取消了外资在我国的合作、合资、独资经营的许多限制。

此阶段是我国对外开放体制机制不断完善的阶段，特别是2001年之后，我国形成了较为完善的市场化、国际化的对外开放制度体系。

2. 空间开放的拓展

我国的空间对外开放是逐步推进的，导致我国的不同区域融入国际生产部门体系的起始时间和初始程度不同，影响了对外开放的空间分布，其中尤以各种形式的特区对国际贸易和实际利用外资的影响最大。根据开放程度，由低到高可将这些特区分为保税区（保税物流园区）、出口加工区、保税港区（综合保税区）。后来设立了许多国际技术开发区和高新技术开发区，也主要集中在东部沿海地区。据统计，截至2007年，54个国家级经济技术开发区中，东部沿海（包括北京）有31个，中部9个，西部13个，东北仅1个，这些园区对促进进出口贸易和吸引外资发挥了重要作用。

从保税区的层面看，于20世纪90年代开始建立，早期总共建立了

14个，基本分布在我国东部沿海地区，广东6个（深圳独占3个），长三角的上海、江苏和浙江各1个，东北地区仅大连1个，其他4个分别位于天津、山东、海南等地。这种空间分布，集中体现了当时国家对外开放的战略考量。9个国家级保税物流园区也集中在东部沿海港口城市，东北地区仅大连保税物流园区1家。从出口加工区看，截至2017年底，我国有63个国家级出口加工区，主要集中在东部沿海地区。东部沿海地区有43家，其中长三角地区27家（江苏17家、上海6家、浙江4家），珠三角4家；中部地区8家；西部地区8家；东北地区4家，其中3家在辽宁。从保税港区（综合保税区）来看，是2005年以后设立的，由于增加了港口功能，它比保税区（保税物流园区）和出口加工区的开放度更高，同样主要集中在长三角和珠三角沿海城市，东北地区也仅有大连保税港区1个。

3. 贸易和产业政策

从贸易和产业政策来看，此阶段国家出台的政策措施也有利于东部沿海地区的发展。例如，以轻工业为主的产业政策促进了东部沿海地区以加工贸易为主的轻工业发展，而中部、西部、东北部还都以重工业为主，不利于对外贸易的发展。东部沿海地区有更优惠的市场化政策，允许劳动力、资本、技术等生产要素在市场的作用下，向东部沿海地区集中。国家以出口为导向的外贸发展模式，让东部地区在制成品出口方面获得国家优先政策支持。此阶段成立了中国进出口银行，为进出口贸易提供政策性金融支持，以及财政支持基金的设计和出口退税制度的完善都推动了我国出口贸易的发展。

（二）不同区域整体状况

1992年以后，东部沿海地区的对外贸易快速增长，所占比重持续上升，到2005年占比高达90.67%，可见我国的对外贸易高度聚集于东部地区。其他区域的对外贸易比重则持续下降，尤其是出口率，2005年，东北地区进出口总额所占比重仅有4.02%，其中进口额占比4.20%，出口额占比3.81%，而且东北地区的对外贸易主要集中在辽宁省。

东部沿海地区在1992年实际使用外资所占比例本就较高，增长空间相对有限，并且外商直接投资涉及的行业更多，包括重工业，而重工业主要位于东北和中部。总体来看，此阶段东部地区实际使用外资占比在75%~80%。东北地区实际利用外资呈小幅上升趋势，2005年占比9.5%，实际利用外资也主要集中在辽宁省。

此阶段，东部沿海地区对外贸易和实际利用外资在加速聚集。随着对外开放优惠政策向长三角等北部沿海城市扩展，东部沿海地区开放空间布局也在发生变化，长三角地区外商直接投资增长迅速，超过珠三角和京津冀鲁地区。同时，1992年中央将对外开放的优惠政策推广到5个沿江城市、13个沿边城市和11个内陆省会城市，在一定程度上改变了东北地区的开放空间布局。

第三节 东北地区对外开放的调整阶段（2006年至今）

（一）推动中西部开放的政策措施

从20世纪90年代起，国家就开始将开放政策向内陆省份、沿江和沿边地区拓展，鼓励外资进入内陆和沿江沿边城市，促进其贸易发展。但与东部沿海地区相比，在政策、区位和产业基础上存在着诸多不足，成效并不显著。进入21世纪以来，西部大开发战略的部署和实施，使西部地区的开发投资进一步扩大，对外开放的政策陆续出台，《中西部地区外商投资优势产业目录》（2000年）规定，外商投资目录中的项目，可享受各项优惠政策，2004年目录的修订扩大了土地、税收、资金等方面的优惠；《关于外商投资企业境内投资的暂行规定》（2000年）中规定："外商投资企业向中西部地区投资，被投资公司注册资本中外资比例不低于25%的，可享受外商投资企业待遇。"在放宽外商投资条件的同时，鼓励东部地区外资企业到中西部地区再投资，允许外资投资西部地区的基础设施建设、矿产资源、旅游开发、生态保护、农畜养殖产品加工、电器元件开发等领域，有效利用中西部地区的资源。

2003年以来，随着中部崛起和长江经济带发展战略的提出和实施，中部地区在土地利用、财政转移支付、税收优惠等方面更加具有优势，《关于扩大开放、提高吸收外资水平、促进中部崛起的指导意见》（2005

年）旨在全面提高中部地区的开放水平。2003年《关于实施东北地区等老工业基地振兴战略的若干意见》的发布，使东北地区加快了发展步伐。到2005年左右，我国已经发展到了区域对外开放协同发展的阶段，各地区的开放条件基本一致，中部、西部、东北地区在住房、租金、地价和劳动力成本等方面具有比较优势，促进了开放型经济的快速发展。2008年东北地区生产总值占全国生产总值的8.62%，与2007年相比上升了0.14个百分点，这是进入21世纪后东北地区生产总值占全国的比重首次止跌回升。

2013年11月，党的十八届三中全会通过了《中共中央关于全面深化改革若干重大问题的决定》，明确提出实施新一轮高水平对外开放政策，建立开放型经济新体制和全面开放新格局。同年，作为新一轮高水平开放试点，自由贸易试验区试点在上海、广东、天津和福建等沿海城市设立。很快自贸试验区向其他地区延伸，覆盖东、中、西、东北地区的自贸试验区布局基本形成，进一步深化开放的政策是对所有地区一视同仁。2015年，《中共中央 国务院关于构建开放型经济新体制的若干意见》中明确提出，我国的对外开放目标是"形成全方位开放新格局，实现开放型经济治理体系和治理能力现代化，构建互利共赢、多元平衡、安全高效的开放型经济新体制"。2017年党的十九大报告提出"推动形成全面开放新格局"，"形成陆海内外联通的开放格局"。修订后的《中华人民共和国外商投资法》（2019年）规定，外商直接投资全面实行准入前国民待遇和负面清单制度。这些政策措施表明，未来我国对外开放将更加深入，更加注重高质量发展和区域协同发展。

（二）不同区域发展状况

与东部沿海地区相比，其他地区在地理位置上处于劣势，而且交通运输体系在改革开放后很长时间内没有发展起来，地区贸易壁垒较大，给其他地区现代贸易发展带来很大困难；在政策上，优惠激励政策也远不如东部沿海地区。2005年以后，基础设施建设、营商环境的改善、区域协同发展战略的实施，以及在土地供应和劳动力成本方面的优势，中部、西部和东北地区的外商直接投资持续增加，对外贸易持续发展，所占比重也不断增长。从整体上看，东部地区的占比持续下降，中西部地区占比持续上升，东北地区虽出现上升势头，但在2013年之后调转直下，这与这些年来经济增长持续下滑有关。在各区域内部，对外贸易和利用外资呈聚集趋势，辽宁仍是东北地区的主导省份。

2006年以来，东部地区所占的外贸比重就呈现出下降趋势，2006年进出口总额占比89.73%，2018年下降为81.73%；中西部地区所占比重持续上升，中部地区进出口总额由2006年的3.07%上升到2018年的6.79%，西部地区由2006年的3.28%上升到2018年的7.98%。东北地区与中西部地区呈现不同的趋势，外贸比重持续下降，进出口总额占比从2006年的3.92%下降到2018年的3.50%，地区经济形势不容乐观。

这种空间变化趋势表明，我国的对外贸易正在从集中于东部地区向区域协同发展转变。2018年，西部12省市外贸增速为16.1%，比全国增速高出了6.4个百分点；中部6省市外贸增速为11.4%，比全国增速高出了1.7个百分点；东北三省外贸增速为14.8%，比全国增速高出了5.1个百分点；东部10省市外贸增速为8.8%。东部地区占比从2006年的73.97%持续下降至2018年的54.13%；中西部地区占比不断提高，尤其是中部地区，实际使用外资增长更快，从2006年的11.17%上升至2018年的31.39%，西部地区从5.80%上升到10.01%。相比之下，东北地区实际使用外资比重继续下降，2015年下降幅度超过7%，这与辽宁省利用外资大幅下降有关。

第三章 东北地区打造对外开放新前沿的环境和基础

党的十八大以来，我国的对外开放新格局不断形成，对外开放程度不断提高，在外商投资和外贸管理方面，将建立世界最高水平的管理制度。"一带一路"倡议、自由贸易试验区、新时代自由贸易港等战略举措的推进，显著改善了我国不平衡的地域开放格局。东北地区再次成为开放的前沿，正在形成大规模"走出去"和高水平"引进来"双向投资格局，正成为推动我国开放型经济与世界经济体系融合发展的重要力量。"一带一路"倡议和人类命运共同体理念将助力我国成为世界多边贸易体系的主导者，推动占据东北亚中心位置的东北地区打造新的对外开放前沿。

第一节 "一带一路"倡议

"一带一路"倡议自 2013 年正式提出以来，作为我国的最顶层合作倡议，也是我国构建对外开放新格局、打造高质量对外开放的最高指导思想，指导着东北地区打造对外开放新前沿的方方面面。

（一）倡议的实质

"一带一路"倡议最初是作为国家战略提出的，2013 年 11 月 12 日，《中共中央关于全面深化改革若干重大问题的决定》明确要求推进陆海丝绸之路建设，之后陆续公布的《丝绸之路经济带和 21 世纪海上丝绸之路建设战略规划》《推动共建丝绸之路经济带和 21 世纪海上丝绸之路的愿景与行动》带有明显的战略规划的性质。为了减少沿线国家对"一带一路"的误解，2015 年规范了"一带一路"的提法，将战略改为倡议，不再使用项目、战略、规划、议程等带有支配性或者强制性色彩的概念，以倡议或者建议等概念来表达合作主体的平等性、自愿性、协商性等内涵，使"一带一路"倡议的实质能够更加直观、完整、准确地展现在国际社会面前。

第一，"一带一路"是开放之路。① "一带一路"以开放为导向，以平等为基础，通过加强交通、能源、网络等有形通道的互联互通，形成超越地理空间和时间界限的更广阔空间，以推动资源和信息的自由快速流通，发展沿线国家稳定、公平、开放、高效的区域经济合作，解决沿线国家资源配置不均问题，可见"一带一路"是开放的、包容的，可以让沿线国家实现优势互补，这种"以和平合作、开放包容的丝绸之路精神为指引，得到沿线国家广泛认同"②。

第二，"一带一路"是合作之路。在"一带一路"合作机制中，各国都是平等的参与者、规划者、监督者和受益者。③ 中国只是发起者，并不会在其中谋求除了合作以外的其他权利，只有平等地参与才能保证合作的可行和可持续。"一带一路"倡议的平等、包容、合作的特点缓解了沿线国家的疑虑，受到越来越多国家和人民的认可和欢迎。"一带一路"能够最大限度地包容沿线国家之间的差异性，开创人类文明交流互鉴的新范式。

第三，"一带一路"是平等之路。在合作原则上，"一带一路"沿线国家之间经济合作和文化交流是优先领域，加强相互联系，促进贸易和投资，坚持开放包容的原则，亚洲银行和丝路基金对基础设施建设的投资更好地满足沿线国家发展的需要，促进共同发展繁荣。从合作方式上看，"一带一路"通过具体项目、具体合作方案来推进。每一项合作都是

---

① 管克江，杜尚泽，丁汀．习近平出席博鳌亚洲论坛 2018 年年会开幕式并发表主旨演讲[N]．人民日报，2018-04-11（01）．

② 杜尚泽．习近平在乌兹别克斯坦最高会议立法院发表重要演讲[N]．人民日报，2016-06-23（01）．

③ 陈积敏．"一带一路"：贡献中国智慧与中国力量[J]．中国经贸导刊，2017（36）：32-35．

经过相关国家深入的调查研究、充分沟通和协调后形成的，保障了参与国的相关利益。实现"一带一路"倡议的方法和途径保证了参与主体的平等性，"它既不是二战之后的马歇尔计划，也不是什么中国的图谋"①。

第四，"一带一路"是互补之路。"一带一路"倡议并非要取代其他地区的合作计划，而是要实现对接，2015年与雄心勃勃的欧洲投资计划实现对接和合作，2019年后中俄共建"冰上丝绸之路"不断取得进展。"一带一路"倡议的顺利推进，诞生了许多标志性的重大项目和工程，雅万高铁、蒙内铁路、卡拉奇—拉合尔高速公路、卡洛特水电站、中欧班列等。"一带一路"沿线国家的资源禀赋不同、发展阶段不同，产业互补性很强，有的国家能源资源丰富，但欠缺开发条件和资金，有的国家劳动力丰富却缺乏就业岗位，有的国家劳动力素质普遍偏低，无法满足现代跨国公司的劳动力需求。②目前，中国是世界第二大经济体，第一大外汇储备国，尤其是中国制造业在新冠肺炎疫情中展现出了强大生产能力和全方位的支撑能力。我国在资金、技术、人才、管理等方面的优势吸引着沿线国家寻求共同发展。

第五，"一带一路"是文明之路。"一带一路"沿线国家分属不同大陆，拥有多样的文明形式，交流沟通中的摩擦和碰撞不可避免，甚至某些地区表现得很激烈，但这并不是"一带一路"带来的，"一带一路"只是提供了一个文明交流沟通互鉴的平台。③"民心相通是'一带一路'建设的重要内容，也是'一带一路'建设的人文基础。"④通过"一带一路"建设，"以文明交流消除文明芥蒂"，⑤沿线国家可以在更广阔的领域合作、更畅通的渠道上对话，促进各国相互信任、相互尊重、互利共赢，共同构建人类命运共同体。

---

① 管克江，杜尚泽，丁汀．习近平出席博鳌亚洲论坛2018年年会开幕式并发表主旨演讲[N]．人民日报，2018-04-11（01）．

② 高虎城．"一带一路"顺应和平、发展、合作、共赢的时代潮流 促进全球发展合作的中国方案[J]．国际商务财会，2015（10）：5-7．

③ 陈积敏．"一带一路"：贡献中国智慧与中国力量[J]．中国经贸导刊，2017（36）：32-35．

④ 习近平主持中共中央政治局第三十一次集体学习[N]．人民日报，2016-05-01（01）．

⑤ 朱竞若．习近平在"一带一路"国际合作高峰论坛开幕式上发表主旨演讲[N]．人民日报，2017-05-15（01）．

(二)倡议的主要内容①

"一带一路"倡议强调沿线国家间的政策沟通、设施联通、贸易畅通、资金融通、民心相通,这"五通"是"一带一路"的主要内容,缺一不可,"五个方面应当齐头并进"②。

1. 政策沟通

"一带一路"沿线国家都是根据自愿原则展开合作的,是政府间合作的倡议,而不同国家之间在政策上的差异很大,因而不同国家间的政策沟通是通过"一带一路"平台实现合作的重要保障,"要加强政策沟通协调,实现利益互补,促进区域经济一体化"③。随着国家间政策沟通的深入,交流更加密切,政治互信增强,合作意向更加明确。截至2020年11月,中国已与147个国家、32个国际组织签署了200多份共建"一带一路"合作的文件。④ 共建"一带一路"国家已从亚欧延伸至非洲、拉美、南太等区域。仅2021年12月份以来,我国就分别与南太平洋的圣多美和普林西比,中美洲的古巴、尼加拉瓜,中东的叙利亚,非洲的摩洛哥签署合作文件;专业领域对接合作有序推进,如数字丝绸之路建设、标准化合作、税收合作、能源合作、海上合作、法治合作、农业合作以及纠纷解决机制等,不断凝聚国际合作共识,营造良好氛围。共建"一带一路"倡议及其核心理念已被写入联合国、二十国集团、亚太经合组织、上海合作组织、中国-阿拉伯国家合作论坛、中非合作论坛等组织的有关文件中。2016年11月,联合国的193个会员国协商一致通过了共建"一带一路"等经济合作倡议的决议,并呼吁国际社会为"一带一路"建设提供有安全保障的环境。2017年3月,联合国安理会还一致通过了第

---

① 推进"一带一路"建设工作领导小组办公室. 共建"一带一路"倡议:进展、贡献与展望[EB/OL].(2019-04-22)[2022-05-03].http://www.scio.gov.cn/xwfbh/xwbfbh/wqfbh/39595/40298/xgzc40304/Document/1652493/1652493.htm.

② 习近平. 联通引领发展伙伴聚焦合作:在"加强互联互通伙伴关系"东道主伙伴对话会上的讲话[N]. 人民日报,2014-11-09(02).

③ 杜尚泽. 习近平出席金砖国家领导人同"环孟加拉湾多领域经济技术合作倡议"成员国领导人对话会[N]. 人民日报,2016-10-17(01).

④ 我国已与147个国家、32个国际组织签署200多份共建"一带一路"合作文件[EB/OL].(2022-01-18)[2022-05-03].http://www.news.cn/world/2022-01/18/0-1128275918.htm.

2344号决议,以此来呼吁国际社会通过"一带一路"建设加强区域经济合作,并第一次引入了"人类命运共同体"理念。

2. 设施联通

长期以来,亚欧国家之间的经贸往来一直受到基础设施脱节的制约,沿线多数国家整体经济基础薄弱,产能不足,基础设施建设资金和技术支持不足。设施联通是共建"一带一路"的基础和关键。以尊重相关国家主权和安全关切为前提,各个国家携手并进,以陆路运输、水路运输、航空运输、管道运输、空间综合信息网络等为核心,加快打造一个全方位、多层次、复合型的基础设施网络,大幅度降低了区域间商品、资金、信息、技术等各个方面的成本,不断增进了跨区域资源要素的有序流动和优化配置,形成了互惠互利、合作共赢的新局面。

六大国际经济合作走廊建设成果显著。中国与"一带一路"沿线国家一道积极规划的新亚欧大陆桥、中蒙俄、中国—中亚—西亚、中国—中南半岛、中巴和孟中印缅等六大经济走廊建设将亚欧经济圈紧密联结起来,兼顾各方利益、反映各方诉求,为构建和巩固各国互联互通伙伴关系、打造畅通安全高效的亚欧大市场、实现共同发展提供了必要保障。

基础设施联通建设扎实推进。设施联通建设是共建"一带一路"倡议的优先领域。铁路合作方面,关键的区际、洲际铁路网络建设都处于稳步推进中,比如中老铁路、中泰铁路、雅万高铁、匈塞铁路等合作项目,中欧班列已经初步形成了多国协同合作的国际班列运行机制。中国、白俄罗斯、俄罗斯、蒙古、德国、哈萨克斯坦和波兰等7国铁路公司签署了《关于深化中欧班列合作协议》。公路合作方面,先后成功举办了中蒙俄、中吉乌、中俄(大连—新西伯利亚)、中越国际道路直达运输试运行活动,中国正式加入《国际公路运输公约》(TIR公约),并与15个沿线国家签署了18个双多边国际运输便利化协定,其中就包括《上海合作组织成员国政府间国际道路运输便利化协定》。港口合作方面,巴基斯坦瓜达尔港、斯里兰卡汉班托塔港、希腊比雷埃夫斯港、阿联酋哈利法港的建设和运营顺利推进,目前中国已经与47个沿线国家签署了38份双边和区域海运协定。航空运输方面,中国与126个国家和地区签署了双边政府间航空运输协定,扩大了与俄罗斯、卢森堡、印度尼西亚、亚美尼亚、以色列、柬埔寨、孟加拉国、蒙古、马来西亚、埃及等国家的航权安排。据统计，中国与沿线国家新增国际航线占新开通国际航线总数量的近七成。能源设施建设方面，中国与沿线国家签署了多项战略合作框架协议以及谅解备忘录，广泛合作的领域主要有电力、煤炭、核电、油气、新能源等，并与沿线国家一同承担起维护油气管网安全运营的责任，优化国家和地区之间的能源资源配置。通信设施建设方面，中巴、中俄、中缅、中吉跨境光缆信息通道建设前景光明，中国与国际电信联盟签署了《关于加强"一带一路"框架下电信和信息网络领域合作的意向书》，并与阿富汗、吉尔吉斯斯坦、塔吉克斯坦签署丝路光缆合作协议，正式开展了丝路光缆等重要项目。

3. 贸易畅通

2001年中国加入世界贸易组织，经过20年的快速发展，外贸领域不断拓展，完成了历史性的变革。"一带一路"倡议促进了沿线国家和地区贸易投资自由化、便利化，大大削减了交易、营商等方面的成本，激发了发展活力，大幅度增加了各国参与经济全球化的深度和广度。

贸易与投资自由化、便利化程度稳步提高。中国发起《推进"一带一路"贸易畅通合作倡议》，积极参与的国家和国际组织高达80多个。不断加强与海关检验检疫的合作，自从2017年首届"一带一路"国际合作高峰论坛以来，中国与沿线国家签订了100多项合作文件，完成了共计50多种农产品食品检疫准入。经过不断积极推进中国和塔吉克斯坦、哈萨克斯坦以及吉尔吉斯斯坦农产品加速通关"绿色通道"建设进程，削减了农产品九成的通关时长。中国进一步放宽外资准入领域，努力创造高水准的国际营商环境，对全球开放12个自由贸易试验区。为了提升沿线国家来华投资的吸引力，还积极探索建立自由贸易港。截至2021年，中国平均关税水平已经从加入世界贸易组织时的15.3%降低到了7.4%。中国已经与欧亚经济联盟成功签订经贸合作协定，与格鲁吉亚、新加坡、巴基斯坦、东盟等多个国家和地区签署或重新优化了自由贸易协定，与沿线国家的自由贸易区网络体系逐渐成型。

贸易规模呈现持续扩大趋势。从2013年到2020年，中国与沿线国家货物贸易进出口总额累积达9.2万亿美元，其年均增长率远远超出同一时期中国的对外贸易增长速度，占中国货物贸易总额的比重为29.1%。此外，中国与沿线国家服务贸易也呈现出由小至大、稳步发展的良好态势。据统计，虽然受新冠肺炎疫情影响，但进出口额在 2020 年高达 844.7 亿美元，其中出口 377.3 亿美元，进口 467.4 亿美元。

贸易方式创新进程不断加快。例如：跨境电子商务等新型模式正在不断地为推动贸易自由提供朝气和活力。2018 年，通过中国海关跨境电子商务管理平台零售进出口商品总额共计 203 亿美元，同比增长 50%，其中，进口总计 118.7 亿美元，同比增长 39.8%；出口总计 84.8 亿美元，同比增长 67.0%。"丝路电商"合作如日方升，中国与 17 个国家建立了双边电子商务合作机制，这样一来，电子商务合作文件可以在金砖国家等多边机制下形成和完善，明显加快了企业对接和品牌培育的实质性进程。

4. 资金融通

资金融通是"一带一路"建设中最重要的基础，中国政府采取多种方式，不遗余力地推进资金融通。国际多边金融机构和各大商业银行不停对投资融资模式探奥索隐，不断开拓多种融资渠道，为"一带一路"建设的长远发展提供资金保障。

积极探索新型国际投融资模式。"一带一路"沿线国家基础设施发展不均衡，其合作潜力较大，也就导致出现了亟待解决的融资缺口问题，各国主权基金和投资基金成为不可或缺的重要部分。近年来，中国投资有限责任公司、阿联酋阿布扎比投资局等主权财富基金着重加大了对沿线国家主要新兴经济体的投资规模。丝路基金与欧洲投资基金 2018 年签署了《中欧共同投资基金共同投资协议》，正式设立中欧共同投资基金。该基金首期规模 5 亿欧元，投资期 3 年，深刻体现了中国与欧盟加强合作的共同意愿，实现协同效应。

多边金融合作提供强有力的支持。中国财政部与泰国、巴基斯坦、白俄罗斯、智利、马来西亚等 27 国财政部共同核准了《"一带一路"融资指导原则》。各国根据这一原则共同打造开放、包容、均衡、普惠的区域经济合作架构，除了支持金融资源服务于沿线国家和地区的实体经济发展，更以加大对基础设施互联互通、产能合作、中小企业等领域的融资支持为重点，支持多边开发银行与各国开发性金融机构深化合作，为沿线国家提供可持续的融资支持。

不断提高金融机构合作水平。在"一带一路"建设中，政策性出口信用保险以其覆盖面广的优势对基础设施、基础产业的建设有着至关重要的影响；商业银行在信用体系、公司融资、多元化吸收存款、金融产品、贸易代理等多个方面均具有相当的优势。包括中国四大银行（工、农、中、建）在内的中资银行与沿线国家建立了广泛的代理行关系。德国商业银行也与中国工商银行签署合作谅解备忘录，其更是第一家加入"一带一路"银行合作常态化机制的德国银行。

不断完善金融市场体系建设。沿线国家不断加强持续稳固、互利互惠的金融合作关系，连续发布各类创新金融产品，极度扩充了共建"一带一路"的融资途径。中国通过发行绿色金融债券、熊猫债等方式不断提升银行间债券市场的对外开放程度，不断支持绿色丝绸之路建设。并且，证券期货交易所之间的技术、股权以及业务等方面的合作也在扎实推进中。

不断加强金融互联互通。据不完全统计，截至2020年底，已经有11家中资银行在29个沿线国家建立了80家一级机构，50家来自22个沿线国家的银行已经在中国设立7家法人银行、19家外国银行分行以及34家代表处。2家中资证券公司在新加坡、老挝设立合资公司。中国和21个沿线国家先后建立了双边本币互换安排，和8个沿线国家建立了人民币清算制度，和35个沿线国家的金融监管当局形成了合作伙伴关系，稳步提升了人民币投资、交易、储备、国际支付等功能，人民币跨境支付系统（CIPS）实际业务范围已经延伸到148个国家和地区。

5. 民心相通

民心相通是"一带一路"建设的根基。建设繁荣美好世界，享受和平、安宁、富足是各国人民的共同梦想。中国与相关国家不断开展各个领域、各种形式的人文交流与合作，不断拓展交流宽度，增强交流深度，为"一带一路"建设打下了良好的民意基础。

文化交流方式呈现多样化。中国与沿线国家互办文化年、旅游年、电影节、电视周、音乐节、文物展、图书展、图书广播影视创作和互译互播等活动，推动各国展现各自民族特色。接续成立了丝绸之路国际剧院、博物馆、艺术节、图书馆以及美术馆联盟。中国与东盟、中东欧、希腊、俄罗斯、尼泊尔、埃及、南非等地区和国家互办文化年，"中非文化聚焦""丝路之旅"等10多个文化交流品牌应运而生，大批文化节会让人应接不暇，比如丝绸之路（敦煌）国际文化博览会、海上丝绸之路国际艺术节、丝绸之路国际艺术节等，并在沿线国家创建了 17 个中国文化中心。中国与塞尔维亚、沙特阿拉伯、印度尼西亚、缅甸、新加坡等国签订了文化遗产合作文件。中国、哈萨克斯坦、吉尔吉斯斯坦三国联合对"丝绸之路：长安—天山廊道的路网"进行世界遗产申报，并获得了成功。"一带一路"新闻合作联盟建设也取得了实质性进展，进入机制化运行阶段。此外，推动民间友好合作的重要平台还包括丝绸之路沿线民间组织合作网络，该组织已经有 310 家成员。

教育培训取得了丰硕成果。中国与 24 个沿线国家签署高等教育学历学位互认协议，并成立了"丝绸之路"中国政府奖学金项目。2017 年，沿线国家有 3.87 万人接受了中国政府奖学金来华留学，占获奖学金学生总数的 66%。

通过政党、议会、地方、民间、智库、工商界、高校、媒体等"二轨"外交渠道的方式，中国与沿线国家紧紧围绕共建"一带一路"进行多种形式的沟通、对话、交流、合作。中国就共建"一带一路"相关议题组织召开了中国共产党与世界政党高层对话会，并进行深入的交流。中国与相关国家先后组建了"一带一路"智库合作联盟、丝路国际智库网络、高校智库联盟等研究机构。中外媒体加强交流合作，主要通过举办联合采访、媒体论坛、合作拍片等形式的活动来提高共建"一带一路"的国际影响力和知名度，使国际社会能准确充分地掌握"一带一路"建设的有关情况。

第二节　东北地区打造对外开放新前沿的政策规划

新时代以来，国家和东北三省各级政府认真谋划自身在对外开放大格局中的定位，做好角色分工，明晰空间布局，明确具体任务，细化时间安排，分别出台了对接方案和系列政策措施，东北地区深度融入"一带一路"的总体布局更清晰、更有成效，步伐更稳健。

第三章 东北地区打造对外开放新前沿的环境和基础

（一）国家层面

《推动共建丝绸之路经济带和21世纪海上丝绸之路的愿景与行动》（2015年）对"一带一路"倡议提出之后的关键问题进行了明确，如合作的目的——促进沿线国家区域合作、战略对接、中国与世界的深度交融等问题，合作重点——跨境大通道、经济走廊及其推动的国际合作；合作领域——政策沟通、设施联通、贸易畅通、资金融通、民心相通；合作成效——签署合作框架、推进项目建设、完善政策措施、制定时间表和路线图、推进示范项目建设等。①《推动共建丝绸之路经济带和21世纪海上丝绸之路的愿景与行动》是东北地区融入"一带一路"建设的基本遵循，而且其中第六章确立了各省市在"一带一路"建设中的地位，对黑龙江、吉林、辽宁三省的定位和要求表述为："发挥内蒙古联通俄蒙的区位优势，完善黑龙江对俄铁路通道和区域铁路网，以及黑龙江、吉林、辽宁与俄远东地区陆海联运合作。"②

《建设中蒙俄经济走廊规划纲要》（2016年）明确了经济走廊建设的宗旨、合作领域、合作原则、资金来源和实施机制，规划建设32个重大合作项目和10个重点领域，提出要充分发挥三方相关城市的比较优势，推动建立合作机制。③

《中共中央 国务院关于全面振兴东北地区等老工业基地的若干意见》（2016年）表明了东北地区全面振兴在国家发展中的独特地位。全面振兴中的东北将贯彻新发展理念，在协同创新、基础设施互联互通、承接产业转移、打造对外开放新前沿等方面有新突破。④

《中欧班列建设发展规划（2016—2020年）》（2016年）中规划的

---

① 《愿景与行动》的20条"干货"都是啥？[EB/OL].(2015-03-30)[2022-05-08].http://cpc.people.com.cn/n/2015/0330/c83083-26769214.html.

② 推动共建丝绸之路经济带和21世纪海上丝绸之路的愿景与行动[EB/OL].(2017-04-25)[2022-05-08].http://ydyl.people.com.cn/n1/2017/0425/c411837-29235511.html.

③ 建设中蒙俄经济走廊规划纲要（全文）[EB/OL].(2017-04-25)[2022-05-08].http://ydyl.people.com.cn/n1/2017/0425/c411837-29235509.html.

④ 中共中央 国务院关于全面振兴东北地区等老工业基地的若干意见[EB/OL].(2016-04-26)[2022-05-08].http://www.gov.cn/zhengce/2016-04/26/content_5068242.htm.

中欧铁路东线,拟从内蒙古满洲里(黑龙江绥芬河)口岸出境,然后连接俄罗斯西伯利亚铁路到达欧洲国家。东北全面振兴中,铁路运输发挥重要作用,中欧班列将"东北制造"送到沿线国家,同时帮助"一带一路"沿线国家企业打开东北市场大门,实现与各国互联互通、互惠互利,为振兴东北经济发展注入新活力。①《"十三五"现代综合交通运输体系发展规划》(2017年)提出,在打造丝绸之路经济带国际交通走廊的过程中,东北地区要发挥区位优势,建设成东北亚交通枢纽中心。②

《"一带一路"生态环境保护合作规划》(2017年)对东北地区提出的需求是:加强边境地区环境监督和治理能力建设,鼓励各地区积极参与双边环境合作,扩大合作领域。③

党的十九大报告中明确提出要以"一带一路"建设为重点,着力形成东西互济、陆海联动的开放格局。东西互济指不仅要持续推进东部沿海开放,也要加强内陆和沿边开放;陆海联动是指将对外开放与国内区域开发结合起来,与西部大开发、东北振兴、中部崛起战略,以及京津冀协同发展、长江经济带发展战略结合起来。东北地区既是边境又沿江沿海,但边境开放、沿江沿海开放、陆海内外联通的优势尚未得到有效发挥。因此,"十四五"期间,在"一带一路"框架内,构建国际国内陆海大通道,以沿线城镇和各类平台为支撑,撬动东北地区沿边沿海沿江的发展,推动东北地区的全面振兴。

习近平总书记在2018年9月考察东北之际,对东北全面振兴和参与共建"一带一路"作出了具体指示。为此,东北地区要加强与国内其他区域发展战略的对接,特别是要加强与东南沿海城市和地区以及环渤海经济圈的对接、交流与合作;结合工作实际推进体制机制创新,在承接产业转移和产业园区合作上不断深化;突出区域特色,整合中日韩资金

---

① 中欧班列建设发展规划(2016—2020年)发布[EB/OL].(2016-10-27)[2022-05-08].http://www.nra.gov.cn/jgzf/yxjg/zfdt/201610/t20161027_28807.shtml.
② 国务院关于印发"十三五"现代综合交通运输体系发展规划的通知[EB/OL].(2017-02-28)[2022-05-08].http://www.gov.cn/zhengce/content/2017-02/28/content_5171345.htm.
③ 中华人民共和国生态环境部.关于印发《"一带一路"生态环境保护合作规划》的通知[EB/OL].(2017-05-06)[2022-05-10].http://www.mee.gov.cn/gkml/hbb/bwj/201705/t20170516_414102.htm.

和技术、俄蒙能源资源，加快东北地区产业融合，加快能源和港口通道建设，发展跨国产业集群；拓宽国际视野，加大东北地区与西方国家在制造业的合作深度，打造一批示范项目，保持外商投资政策的相对连续性和稳定性，有效利用外资。①

2019年8月，习近平总书记明确提出东北地区要打造对外开放新前沿，这对推动新时代东北地区全面振兴、共建"一带一路"、深度融入东北亚区域合作产生积极而广泛的影响。东北地区打造特色鲜明、优势互补、高质量发展的区域经济布局，形成开放新前沿，这既是东北地区自身发展的需要，也是实施国家和地区协调发展战略的需要；既是我国对外开放的新布局，也是新时代实现经济高质量发展的新要求。国家出台的一系列文件对东北地区具体行业深度融入"一带一路"指明了方向。

（二）黑龙江省

《"中蒙俄经济走廊"黑龙江陆海丝绸之路经济带建设规划》（2014年）（以下简称《规划》）阐述了黑龙江陆海丝绸之路经济带的建设原则、空间布局、产业布局、重点任务、保障措施和战略意义，深化了黑龙江省与周边国家的全面务实合作，进一步推动了东北亚市场深度融合，推动了中俄基础设施和港口通道互通，促进了经济社会联动、协同发展。《规划》将黑龙江省作为面向俄罗斯和东北亚对外开放的重要枢纽，打造面向亚洲、欧洲、北美聚集资源和多个市场的大型开放平台，提升黑龙江省的开发开放深度和广度。② 2017年8月，黑龙江省推出"打造一个窗口、建设四个区"总体规划——黑龙江（中俄）自由贸易区、沿边重点开发开放试验区、跨境经济合作示范区、面向欧亚物流枢纽区，为黑龙江省深度融入"一带一路"和经济转型发展创造有利条件。③

哈尔滨作为黑龙江省深度融入"一带一路"的重要节点城市，出台

---

① 梁启东. 多措并举构建开放合作高地［N］. 经济日报，2018-11-02（10）.
② 《中共黑龙江省委 黑龙江省人民政府 "中蒙俄经济走廊" 黑龙江陆海丝绸之路经济带建设规划》摘要［EB/OL］.（2015-04-15）［2022-05-12］.http://news.my399.com/local/content/2015-04/15/content_1505125.htm.
③ 张庆伟. 部署我省 "一带一路" 建设：打造一个窗口 建设四个区［EB/OL］.（2017-08-15）［2022-05-12］.https://www.sohu.com/a/165007848_757541.

了多项推进政策。《哈尔滨市推进"一带一路"建设三年行动计划（2019—2021年）》（2019年）确定了哈尔滨融入"一带一路"的发展目标和融入方式，共同推进21项重点任务和5个保障；①《哈尔滨海关关于优化口岸营商环境促进跨境贸易便利化的16条措施》（2019年）涵盖了加速通关、精简审批等内容，旨在立足黑龙江省实际，围绕企业实际需求，营造稳定、公平、透明、可预期的口岸营商环境；②《中国（黑龙江）自由贸易试验区哈尔滨片区关于加强对外开放深化改革创新的若干政策措施》（2020年）包括开放合作、科技成果转化、支持生物医药产业等七个方面，大力支持自贸区企业，政府通过减税、降费、奖励等方式，让利于企业和市场；③《哈尔滨新区暨中国（黑龙江）自由贸易试验区哈尔滨片区营商环境攻坚提质2020行动方案》明确提出，哈尔滨新区将采取51项优化振兴措施，大力推动区域发展。④

（三）吉林省

根据《沿中蒙俄开发开放经济带发展规划（2018—2025年）》（2019年），吉林省将打造成与俄罗斯、蒙古和东北亚开放合作的重要平台，沿着中蒙俄开发开放经济带建设，将珲乌交通大通道作为主线，腹地支撑主要依托长春城市群，向东经过珲春市与俄罗斯滨海边疆区及远东地区形成对接，向西经过阿尔山与蒙古国乔巴山形成对接，充分借助现有铁路，将"平蒙欧"最近陆路通道成功打通。⑤

长吉图开发开放先导区于2009年正式升格为国家战略，成为唯一的

---

① 哈尔滨市推进"一带一路"建设三年行动计划（2019—2021年）发布实施[EB/OL].(2019-01-02)[2022-05-12].https://www.hlj.gov.cn/zwfb/system/2019/01/02/010890902.shtml.

② 哈尔滨海关16条措施优化口岸营商环境[EB/OL].(2019-03-30)[2022-05-12].http://epaper.hljnews.cn/hljrb/20190330/414617.html.

③ 中国（黑龙江）自由贸易试验区哈尔滨片区关于加强对外开放深化改革创新的若干政策措施[EB/OL].(2020-06-10)[2022-05-13].http://www.hrbps.org.cn/content/2020-06/10/content_2635276.htm.

④ 哈尔滨新区出台营商环境攻坚提质行动方案倾力打响新区营商环境品牌[EB/OL].(2020-05-15)[2022-05-13].https://news.sina.com.cn/c/2020-05-15/doc-iirczymk1725573.shtml.

⑤ 吉林发布《沿中蒙俄开发开放经济带发展规划（2018—2025年）》[EB/OL].(2019-08-17)[2022-05-14].http://hc.cnjiwang.com/ywq/201908/2931455.html.

国家级边境开放区域规划,将被建设成为一个国际合作平台,其对外开放水平将明显提升,也将被打造成为内陆地区沿边开放体制创新的改革先行区,培育成为产业竞争力显著增强的示范区,为吉林省和东北地区振兴提供不竭的动力,对构建全国对外开放新格局做出应有贡献。

中韩(长春)国际合作示范区(2020年6月)的战略定位为东北亚区域经济合作的引领区、中韩全方位宽领域合作的先行区、吉林省乃至东北地区振兴发展的新动力。根据《中韩自由贸易协定》,建设地方经济合作示范区是落实该协定的重要措施,也是吉林省深度融入"一带一路"建设、打造东北亚区域开放合作新格局的重大行动,对于推进中韩经济合作向创新合作、园区合作拓展和构建两国更高层次更宽领域合作新平台,使各要素流动和优化配置能够在更广阔的空间和领域进行,探索东北亚区域经济合作新模式都将具有不可忽视的重大意义。①

2020年9月10日,珲春海洋经济发展示范区正式挂牌,示范区成立后,将成为吉林省发展海洋经济的重要平台,同时进一步加深与浙江省宁波市海洋产业发展对接。根据发展规划,珲春海洋经济发展示范区将被重点创建为图们江区域海洋产业集聚中心、临港产业制造中心、港航物流集散中心、跨境国际贸易中心以及对外开放合作中心。与此同时,不断促进示范区与长春现代化都市圈、中部城市群互相依托新格局。②

《吉林省扩大开放100项政策措施》(2019年)主要包括投资贸易便利、聚焦放宽准入、优惠补贴、金融支撑、减费降负、引才育才、要素保障、营商环境、政务服务等9个方面。③《吉林省人民政府办公厅关于扩大进口 促进对外贸易发展的实施意见》(2019年)坚持深化改革创新,坚持进出口并重,坚持统筹发展,坚持互利共赢,更好激发进口潜力、优化进口结构、助推传统产业转型升级、提高国际竞争力,发挥进口贸易对满足人民群众消费升级需求等方面的积极作用,在积极扩大出口的

---

① 中韩(长春)国际合作示范区正式揭牌成立[EB/OL].(2020-07-09)[2022-05-12].https://www.ndrc.gov.cn/fggz/qykf/xxjc/202007/t20200709_1233502.html?code=&state=123.
② 吉林珲春海洋经济发展示范区揭牌 深化与宁波海洋产业对接[EB/OL].(2020-09-10)[2022-05-12].http://www.xinhuanet.com/2020-09/10/c_1126479588.htm.
③ 中华人民共和国商务部.吉林省制定扩大开放100项政策措施[EB/OL].(2019-02-02)[2022-05-13].http://www.mofcom.gov.cn/article/resume/n/201902/20190202834299.shtml.

同时进一步扩大进口,促进吉林省对外贸易持续健康发展。① 《吉林省优化口岸营商环境促进跨境贸易便利化工作实施方案》(2019 年)以进一步优化全省口岸营商环境,结合吉林省实际,深化"放管服"改革,实施更高水平跨境贸易便利化措施,促进外经贸稳定健康发展为目标,出台了 6 个方面 24 条措施。② 2020 年 3 月,长春海关发布了支持综合保税区发展的 8 项措施,其中包括:支持医疗器械、汽车零部件以及样品车保税维修等项目加速落实;完善海关跨境电子商务监管模式;鼓励吉林省申建自贸区、综合保税区等;推动综合保税区增值税一般纳税人资格试点落地;促进符合监管条件的企业 ERP、WMS 等管理系统与海关系统尽快完成对接;充分发挥兴隆综合保税区、珲春综合保税区在中欧班列运营物流中的节点优势;推动"互联网+保税"监管模式;扩大协调员机制适用范围,加快落实为企业解决进出口环节问题和困难等多个方面的举措。③

(四)辽宁省

《关于贯彻落实"一带一路"战略推动企业"走出去"的指导意见》(2015 年)以全面融入"一带一路"建设,加快辽宁新一轮老工业基地振兴,促进经济结构转型升级,更好地利用国内国际两个市场、两种资源,增强企业国际竞争力,开创辽宁省全方位对外开放新格局为目标,提出加快"三大通道"建设、拓展对外产业投资、积极推进境外经贸合作区建设、带动对外贸易发展、推进境外资源开发、提高对外承包工程的规模和水平、加大境外科技型企业的并购力度、培育境外合作主体八个方面的重点任务。

2017 年 4 月 1 日,中国(辽宁)自由贸易试验区挂牌,其发展目标是:经过 3~5 年改革探索期,与国际投资贸易通行规则相衔接的制度创

---

① 吉林省商务厅. 吉林省人民政府办公厅关于扩大进口 促进对外贸易发展的实施意见[EB/OL].(2019-02-18)[2022-05-13].http://xxgk.jl.gov.cn/szf/gkml/201902/t20190218_5611146.html.
② 吉林省人民政府. 吉林省优化口岸营商环境促进跨境贸易便利化工作实施方案[EB/OL].(2019-03-13)[2022-05-13].http://xxgk.jl.gov.cn/szf/gkml/201903/t20190313_5679276.html.
③ 支持综合保税区发展 长春海关出台 8 项措施[EB/OL].(2020-03-19)[2022-05-15].http://sl.china.com.cn/2020/0319/80766.shtml.

新体系基本形成,创建一种法治化、国际化、便利化的营商环境,增强对资本、人才等重要要素的吸引力,尽力创建成投资贸易便利、高端产业集聚、监管快捷便利、金融服务完善、法治环境规范的高标准高水平的自由贸易园区,带动东北地区转变经济发展方式,切实提升经济发展质量和水平。

《辽宁"一带一路"综合试验区建设总体方案》(2018年)是辽宁省为了将辽宁全力打造成为"一带一路"建设先行区、东北亚国际合作先导区以及全面开放引领全面振兴示范区,竭力建成内外联动、陆海双济的全面开放新格局制定的方案,统一筹划"一网一桥、双园双融、两廊两沿、三核三区、七港七路"的空间布局。①

《沈阳建设"一带一路"东北亚枢纽行动方案》(2019年)提出,沈阳市将积极参与辽宁"一带一路"综合试验区建设,开展空间拓展、通道建设、产能合作、经贸跃升、金融开放、科技创新、人文交流"七大专项行动",为全力打造"一带一路"东北亚枢纽贡献力量。②

《大连市推进共建"一带一路"实施方案》(2019年)提出,要在基础设施联通、国际产能与科技合作、贸易升级、高标准自由贸易区建设等方面发力,加速创建开放型经济新体制,更深层次地融入"一带一路"建设,深入加强大连连接东北亚经济圈与"一带一路"沿线国家和地区的枢纽作用,全力构建出能够立足东北和东北亚、辐射"一带一路"沿线相关国家和地区、全球化开放合作的战略要地。③

---

① 解读《辽宁"一带一路"综合试验区建设总体方案》发布会举行[EB/OL].(2018-08-28)[2022-05-15].http://www.scio.gov.cn/XWfbh/gssxwfbh/xwfbh/liaoning/Document/1636324/1636324.htm.

② "七大专项行动"助力沈阳建设"一带一路"东北亚枢纽[EB/OL].(2019-07-03)[2022-05-13].https://news.syd.com.cn/system/2019/07/03/011753412.shtml.

③ 大连市发布推进共建"一带一路"《实施方案》[EB/OL].(2019-03-17)[2022-05-16].http://ln.cri.cn/20190317/a37d430f-f0a4-825f-9717-b6187ed06a0e.html.

第三节 东北地区打造对外开放新前沿的历史底蕴

传统社会时期，东北地区的丝绸之路是中原腹地与东北亚各国交流的桥梁，形成了东北地区深厚的历史底蕴，推动了东北地区人民的跨境交流，这是当下东北地区融入"一带一路"的深厚基础。

（一）文化交融

东北地区在东北亚区域的文化交流和认同上，无疑具有优势地位。在历史上，东北地区战战和和，各民族与中原王朝之间，以及他们自己之间的纳贡、迁徙、贸易和战争，导致东北地区不同民族之间在文化上不断相互影响和融合。

有史以来，东北地区一直受到来自中原文化的影响，兴起于唐代的渤海文化、宋辽时期的契丹文化、明清时期的满族文化等，都与中原文化有着千丝万缕的联系。唐代时期，东北地区粟末靺鞨部建立了渤海国，这一时期也是中原文化进入东北乃至传递到朝鲜半岛和日本的重要时期。汉字、儒学、佛教、建筑等文化符号和载体在东北亚地区产生了重要影响，形成了以中国为中心，以朝鲜半岛和日本为辐射范围的东北亚文化圈，此后一直影响至今。宋辽时期，东北地区民族众多，此起彼伏，各民族之间无论是暴力的战争，还是非暴力的贸易、迁徙，融合和交流更为广泛，逐渐形成了具有地域特色的文化底色。以中国为源点的东北亚文化圈之所以能够形成，是因为中国幅员辽阔，国力强大，人口众多，历史悠久，文化发达，文明自成一体，而且传承完好，与周边国家之间长期保持着大国和主导地位，导致其他国家与中国形成了长期的贡赏关系，文化上不断趋向于中国，再加上中国历史上战乱频繁，人口向朝鲜半岛和日本迁徙，更直接和完整地将中国文化通过东北传到整个东北亚地区。

中国的传统文化对东北亚各民族和地区之间的交流提供了文化滋润，使东北地区具有独特的文化吸引力，这是"一带一路"建设在东北亚国家引发文化共鸣的重要推动力。在地理结构和历史背景较为复杂的东北亚地区，作为该地区地理位置和历史发展进程的核心的东北地区，既有各民族共同的文化基础，也是不同民族文化的交汇点，这是东北亚各民族寻找对话、合作，实现共同发展的门户和机遇。因此，将东北的历史文化置于更广阔的地理空间、文化领域、历史背景和现实环境中，深刻理解东北历史发展特点和周边国家文化互动，拓宽区域研究新视野，为东北亚新丝路的形成提供文化支持。

（二）经济联系

东北地区发展至今，形成了完善的产业发展基础、交通运输体系，在区域协调发展、开发贸易潜力方面，与周边国家地区相比，具有很大程度的优势，这为扩大对外开放提供了基础。

在产业基础上，东北地区在基础设施建设、装备制造等方面具有一定优势，新中国成立以来形成的完整重化工业体系，在全国处于领先水平。[①] 东北振兴战略的持续推进，为区域发展提供了较为充裕的资金，在高素质劳动力的加持下，东北地区能够将产能外输，以带动区域经济发展的能力。在东北地区与"一带一路"沿线国家融合发展过程中，工业体系尚不健全的蒙古、交通运输不发达的俄罗斯远东地区，以及正在进行工业产业转型升级的朝鲜具有很大的发展潜力。[②]当前，东北地区在融入"一带一路"建设中，应当向产业链的高端转移，而不仅仅是产能的输出，对于落后产能该淘汰就淘汰，选择优势产业作为重点。首先石油化工是东北地区的优势产业，生产体系完善，丙烯腈、丁辛醇、醇醚的生产能力国内领先；化工制药原料制剂、中成药、生物制品等医药产业也具有明显优势，在拓展产业链上具有很强的整合效应；农产品中的优质玉米、大豆和大米，以及农产品深加工享誉国内外；电子信息产业也是东北地区的新兴特色产业，尤其是光显示、光谱技术、光通信等领域具有明显的实力，汽车电子、半导体分立器件和电力电子设备等领域有很多有实力的企业。这些有实力的产业领域是东北地区深度融入"一带一路"建设的产业支撑，与沿线国家的国际贸易合作和产能合作可以提

[①②] 李芳，朴光姬. 东北老工业基地振兴对接"一带一路"建设的路径[J]. 现代管理科学，2018（10）：25-26.

升东北地区的贸易水平，促进产业结构的优化升级。

在交通运输方面，东北地区不仅辽宁省沿海沿江沿边，吉林省和黑龙江省也是沿江沿边省份。辽宁省拥有丹东、大连、营口等优良港口，是东北地区通往朝鲜、日本、韩国的主要通道；吉林省珲春市与俄罗斯和朝鲜接壤，从图们江出海可以直达韩国东海岸和日本西海岸；黑龙江省与俄罗斯远东地区隔江相望，是东北地区通过远东铁路进入俄罗斯和欧洲的重要陆路通道，国内中西部内陆地区的货物未来可以经过俄罗斯的扎鲁比诺港，通过北极航线和东北完善的交通运输系统输送到欧洲。东北地区沿边沿海的城市交通便利，丹东是莫斯科—北京—平壤铁路、沈丹铁路、丹大高铁的重要节点，6 条国道和省道、4 条高速公路，丹东港与世界上 50 多个国家和地区的 140 多个港口开通客货运航线，基础设施完善，交通便利；大连是世界著名的天然良港，与 160 多个国家和地区的 300 多个港口建立了航运关系，开拓了 75 条国际集装箱航线；营口有盘营高铁，4 条国道，3 条高速公路，与 50 多个国家和地区的 140 多个港口建立了航运业务关系；① 珲春有多条跨境铁路，与俄罗斯、朝鲜、韩国、日本等国建立了 13 条跨境海陆联运线路。以"冰上丝绸之路"为主轴，我国内陆的经济往来在东北与俄罗斯相连，俄罗斯滨海边疆区的"滨海 1 号"和"滨海 2 号"在黑龙江和吉林两省与我国的交通网相连。东北地区将利用现有交通基础设施和建设潜力，在"冰上丝绸之路"建设中发挥作用，增强对"一带一路"沿线国家的影响。

在区域协调发展上，目前东北地区与其他地区的差距明显，东部沿海地区和中西部的经济增速都较高，东北地区经济增速相对较慢。为扭转这一局面，东北地区积极进行转型发展、实现区域振兴，努力减小区域之间的发展差距。国家"十四五"规划继续推进东北地区等老工业基地振兴，完善区域合作发展机制，从区域合作发展的角度对东北地区提出要求。2018 年 11 月，国务院印发《关于建立更加有效的区域协调发展新机制的意见》，明确提出推动"一带一路"建设是国家和区域融合发展的重大战略，建议以京津冀协同发展、长江经济带发展、粤港澳大湾区

---

① 栾泽，刘先雨. 拟建大连自由贸易港的现实困境与对策研究［J］. 商讯，2018（18）：20-21.

建设等重点战略带动区域间融合互补协调发展。东北地区长期形成的区域产业基础是精准连接"一带一路"的基础条件，以哈大铁路为主轴贯穿四大核心城市，四大核心城市生产要素集聚能力强，哈尔滨着力打造区域内国际经贸城市，长春着力打造东北亚现代制造业和国际物流中心城市，沈阳将打造新型工业化基地和东北地区经济文化中心，大连将建设东北亚国际航运中心和自由贸易港。以"一带一路"为背景，东北地区深度连接中蒙俄经济走廊，拓展北极航线，推动图们江地区国际合作与发展，开辟渤海跨海通道。为此，东北地区加快转变经济发展方式，实施创新引领发展战略，以产业集群实现经济增长，努力将东北地区发展成为另一个经济增长极。

东北地区的贸易发展潜力不要局限于东北亚地区，随着"一带一路"建设的推进，东北地区与沿线国家，包括大洋洲、中亚、欧洲、非洲、美洲等地区的经贸联系都有不同程度增加。2017年，东北地区与"一带一路"沿线国家贸易额较2016年增长22.0%。[①] 目前，在"一带一路"沿线国家中，东北地区的进出口主要集中在亚洲和东南亚，以俄罗斯、新加坡和马来西亚为主，限制了东北地区进出口商品种类。为此，东北地区需要进一步拓展国际市场，优化进出口结构，努力提高外贸质量和效益，以拓展贸易方式、支持先进设备和技术进口为重点，积极引进沿线国家资本型产业和消费品，实现经济效益互补。

（三）跨境交流

东北地区有着悠久的边境贸易史、独特的旅游资源、流域文化共存共荣，是扩大对外开放的基础。

第一，边境贸易历史悠久。东北地区不同民族间的互市传统由来已久，可以追溯到西汉时期。与俄罗斯之间的官方边境贸易始于1689年签订的《中俄尼布楚条约》，300多年来，贸易种类不断丰富，合作水平逐步提高，合作规模逐步扩大。明代以来，丹东已成为鸭绿江流域的木材和粮食集散地。1882年清政府开设丹东港，与朝鲜、日本等国通商。

[①] 李轩，金博，李珮萍. 中国与东北亚周边国家贸易便利化的影响因素分析［J］. 工业技术经济，2020（1）：87–93.

1981年,与朝鲜的贸易又正式恢复,中朝经贸合作发展迅速。① 改革开放以来,国家大力支持口岸建设,刺激了边贸往来,为东北边陲口岸城市经济发展开辟了新局面。这些边境口岸面向东北亚国家,利用其区位优势,加强边境口岸城市对区域发展的引领作用。

第二,独特旅游资源。东北边境地区旅游资源十分丰富,边境上的国门界碑,不仅是国家主权和领土的守护者,更是一道令人们着迷和敬仰的独特景观,30多个口岸中的大部分都有国门,吸引了众多海内外游客。东北边境地区拥有丰富的河流、湖泊资源,隔水相望,可以体验完全不同的异域风情文化,比如中俄边境的乌苏里江,两岸自然植被保存完好,漠河、兴安、黑河等地的沿江小镇与俄罗斯隔江相望,边境山水、异域文化和民族风情交织在一起。东北边境丰富的旅游资源,使旅游客源市场形成了一定规模,旅游类型逐渐多元化。随着"一带一路"建设的不断推进,东北地区也加强了旅游交通建设,促进了旅游业的转型发展。

第三,流域文化共存共荣。东北边境地区的界河、界湖长期以来滋养着两岸各族人民,同时创造了自己的流域文化。著名的图们江是中朝之间的界江,风景秀丽,是中朝文化的缩影,游客可以站在河边,欣赏河景和对岸的异国风光。在"一带一路"倡议的推动下,我国正在加快图们江地区(珲春)国际合作示范区建设,打通中国、朝鲜和俄罗斯之间的国际物流通道。东北地区的跨境民族有着深厚的血缘和文化纽带。赫哲族分布在三江平原和完达山余脉,在俄罗斯贝加尔湖以东的地区也有2万多赫哲族人,都保留着渔猎传统;朝鲜、韩国和我国的朝鲜族仍然保持着自己文化的生活方式和服装特征。跨境民族形成的跨境交流是推动东北地区进一步扩大开放、深度融入"一带一路"建设的重要资源。

---

① 李蔚. 浅析中蒙俄经济走廊的贸易发展现状 [J]. 内蒙古统计, 2019 (6): 14-18.

第四节　东北地区打造对外开放新前沿的现有基础

国家对"一带一路"建设的政策、项目、资金支持，不仅为沿线地区的发展注入了新动能，也对这些地区的承载力提出了新的要求。东北地区需要调整现有发展规划，抢抓机遇，实现积极对接，进一步增强区域经济圈、经济带的协调发展，对接"一带一路"建设空间布局，实现点线协同发展效果，构建国内开放型经济新格局，促进联动发展。东北地区现有国家级区域发展规划中的辽宁沿海经济带、沈阳经济区、长吉图开发开放先导区和哈长城市群，为东北地区深度融入"一带一路"建设提供了关键支撑。辽宁沿海经济带是东北地区开放的前沿阵地，沈阳经济区是正在建设的新型工业化经济圈，长吉图开发开放先导区是沿江开放繁荣桥头堡，哈长城市群是宜居宜业的国家级绿色城市群。

（一）辽宁沿海经济带

辽宁沿海经济带是我国四大沿海经济带之一，地处我国渤海与东北地区的交汇处，拥有大连、营口两个吞吐量过亿吨的大港，万吨级以上生产泊位123个，有30万吨级的承载能力。域内有沈山（沈阳—山海关）、哈大铁路，烟大（烟台—大连）轮渡，沈大、沈山、丹大高速公路，铁大（铁岭—大连）、铁秦（铁岭—秦皇岛）输油管道，大连、丹东、锦州3个机场共有50多条国内航线和20多条国际航线，GDP占全省的一半以上，是辽宁省经济增长的主要区域。

《辽宁沿海经济带发展规划》（2009年）、《辽宁沿海经济带发展促进条例》（2010年）、《辽宁沿海经济带三年攻坚计划（2018—2020年）》（2017年）、《辽宁沿海经济带六城市协同发展行动计划（2018—2020年）》（2018年）、《辽宁沿海经济带六城市协同发展框架协议》（2018年）、《辽宁沿海经济带高质量发展规划》（2021年）等一系列政策措施的出台、签署和持续推进，使辽宁沿海经济带从国家层面的策划逐步落实到具体行动，实现了从点到线到面，加强了内部协同发展，带动了广阔腹地的向海开放。在协同发展机制创新方面，六市联动，形成决策、协调、执行三个层次的协调机制。仅2019年，推动学校、医院、科研院所、企业合作20项，战略性新兴产业合作30余项。① 随着辽宁沿海经济带合作发展相关政策的不断完善和可操作性的增强，六市已经实现了产业交流、政策互通、园区共建、服务共享与生态共治。

在"一带一路"建设的背景下，辽宁省沿海经济带正在谋划"一带一路"对外开放新格局，以"一带一路"综合试验区为主体，分别建设东北亚经贸合作先行区和中国—中东欧"17+1"经贸合作示范区。在招商引资方面，2019年辽宁省在沿海经济带有60%的外资项目落地，全年实际使用外资32亿美元，占全省比重为65%，实际到位内资2106亿元，占全省比重为55%。② 2019年前4个月，沿海六市实际利用外资增长23%，实际利用内资增长19.3%，规划项目300多个已建成自贸试验区、大连金浦新区国家平台、营口中韩投资贸易合作园区，产业合作迈出一大步。大力推动"辽满欧""辽蒙欧""辽海欧"三条综合交通运输大通道多式联运示范工程建设进程，并且，"辽海欧"国际运输大通道开通第二条北极航线，该航线自营口港始发；"辽满欧"过境班列健康发展。③

辽宁省港口资源整合进展顺利，大力推进大连太平湾港口建设，着力打造东北亚的"新蛇口"；基本完成了沈阳港项目核心区规划。大连东北亚国际航运中心建设也在井然有序进行中，其中，5个港口设施项目均按计划按时开工。临港产业方兴未艾，积极促进"港口、产业、城市"融合发展。2020年1—9月，辽宁港口集团实现货物处理3.79亿吨，增速稳步提升，营业收入首次由负转正。辽宁沿海港口货物种类以石油产品、金属矿石、钢材、煤炭和粮食为主。大连港凭借其航线和产业优势，占据了东北外贸集装箱和车辆滚装的主要份额，也是国内唯一的专业冷链物流中心；营口港凭借与辽宁省内陆地区距离近、充足的处理能力、新型产业集群效应等优势，成为辽宁省最大的干散货港口。

辽宁沿海经济带在营商环境方面处于领先地位。为规范园区管理，

---

① 冯艳芳. 对辽宁沿海经济带开发产业布局的思考［J］. 经济问题，2009（12）：126-128.
② 刘海波. 辽宁深度融入共建"一带一路"的几点思考［J］. 辽宁行政学院学报，2020（1）：93-96.
③ 沿海经济带筑起辽宁对外开放新高地［EB/OL］.（2019-07-03）［2022-05-17］. http://ln.sina.com.cn/news/b/2019-07-03/detail-ihytcerm1076797.shtml.

沿海城市根据园区的位置、功能和布局，以园区功能的相似程度、相邻区位进行整合的方式，清理规整"多、小、散、弱"各类产业园区。经过整合后，各类园区不仅在数量上减少，更建立健全了"管委会+公司"的运营模式，园区的规划制度、规划实施、项目审批和监管等经济管理职能均由管委会负责，园区的基础设施建设、投融资、土地整理、企业服务等职能均由公司负责。政务服务方面，全国首个"政银一体化"平台在辽宁自贸区大连片区开通，标志着大连地区"放管服"改革深入推进。在工作机制创新方面，大连片区管委会与大连海关签署战略合作协议，建立协同工作机制，针对跨境电商保税备货业务、保税仓储业务+转口业务等六项业务专项推进。

(二) 沈阳经济区

2010年4月，国家发改委正式批复沈阳经济区为国家改革试验区。全力把沈阳建设成为国家重点中心城市、东北创新中心、东北亚区域物流中心，以更好的状态参与"一带一路"建设。

沈阳经济区是我国唯一一个以改革为主题的综合配套改革试验区，产业基础雄厚、门类齐全、体系完备、空间集中，产业优势明显，特别是重化工业、装备制造业、钢铁工业、石化工业的产业配套良好，融合发展空间大。从工业角度看，沈阳、鞍山、抚顺、本溪、辽阳是重工业聚集地，工业化、城镇化水平最高。随着国有企业改革的推进，区域产业结构优化、产业集聚发展，经济合作、技术交流进一步推进，以兼并、参股、控股等方式打造了一大批有实力的跨区域、跨行业的大型企业集团，改变了以往分散的管理体制。沈阳经济区的经济发展门类比较齐全，配套产业体系比较完善，每个城市又都有自己的特色产业，这是融合协同发展的基本条件。

沈阳经济区的人口规模、交通网络建设和人力资源储备，表明该地区走上了城市一体化发展的新型城镇化道路，可实现产业集聚和规模化。沈阳经济区5市中有3个城市人口在100万以上，2个在50万以上。沈阳经济区交通发达，拥有较为密集的一小时城际交通网络，初步形成了以沈阳为中心、多种交通方式联动的交通网络框架，是我国北部最密集的交通网络和综合交通最发达的地区之一。沈阳是东北地区最大的铁路、公路、航空交通枢纽，拥有 5 条干线和 8 条支线；沈阳凭借客货运的集散能力，特别是以沈阳为中心的城际铁路、公路得到了极大的改善，使交通更为方便。人力资源储备也是城市经济管理高效化的重要标志，沈阳经济区拥有众多知名的国家级科研院所和各类高校，27 个国家级工程技术研究中心、工程研究中心、企业技术中心，40 多所高校，29 名院士，科研人员 4.2 万名以上，[①] 各类专业技术人员的集中和大量高素质产业工人的集聚是沈阳经济区高度城镇化的要素之一。

区域核心城市实力的绝对优势是经济区形成的重要条件。在这方面，沈阳具有得天独厚的优势。第一，沈阳地处环渤海经济圈和东北亚经济区的中心，交通便利，营口港距沈阳仅 200 千米，两城间各有侧重。根据目前的交通情况，沈阳经济区重点加快城市群主干道建设，提升路网高速通达能力，距离上的优势让沈阳周边的中小城市更有可能接近沈阳。第二，沈阳历来是东北的政治、军事、经济、文化中心，是我国北方重要的历史文化名城。美国、德国、法国、日本等 7 个国家在沈阳设立领事馆，彰显了沈阳政治经济地位的重要性。第三，在沈阳周边 150 千米范围内，已有沈阳、鞍山、抚顺、本溪、辽阳 5 个工业城市，占全省工业经济总量的 40%以上，沈阳与其他四个城市之间在区域 GDP、工业总产值和限额以上的批发零售贸易商品销售总额之间具有高度的相关性，形成了生产要素与产业结构的密切互补关系。

（三）长吉图开发开放先导区

长吉图开发开放先导区是我国打通东北亚经贸合作的桥头堡，特殊的地缘政治地位、跨境合作的悠久历史，使得这一地区的发展潜力巨大。1991 年，联合国开发计划署提出图们江区域开发项目，以发挥这一地区的发展潜力。1992 年，我国将珲春市列为 14 个沿边开放城市之一。此后，以珲春为中心的图们江地区越来越受到国内外投资者的关注。2009年，《中国图们江区域合作开发规划纲要——以长吉图为开发开放先导区》审批通过，创新了沿边地区开发开放新思路。长吉图开发开放先导

---

① 刘海波. 辽宁深度融入共建"一带一路"的几点思考［J］. 辽宁行政学院学报，2020（1）：93-96.

区以长春市和吉林市双城驱动,以腹地经济的相对优势支撑图们江地区口岸经济发展,推动边境地区国际合作。由于吉林省地处东北亚国际经济合作区的核心区域,规划纲要出台后引发朝鲜、韩国、蒙古国、日本等亚洲国家的积极参与,也引发了澳大利亚、美国及北欧等国家和地区企业的关注,世界银行、联合国工业发展组织等国际组织和机构也积极参与。随着合作平台的经济作用的凸显,互联互通程度大幅提升,长吉图开发开放先导区正逐步从东北亚的位置中心向经济中心转型。

近年来,国家发改委多次开展中国图们江开发项目协调会议,落实基础设施建设、通关便捷化等重大事项,协调有关部委落实政策,并跟进项目建设工作。吉林省也正在推进联动发展模块化战略,在开放渠道、平台建设、区域联动等层面推进项目建设。吉图浑高铁开通、长春新区获批设立、通化内陆口岸建成使用,开放开发项目逐步推进,长春兴隆综合保税区、珲春综合保税区、和龙边境经济合作区、长春新区等平台的先行试验、改革创新功能更加明显。2018年,吉林省以长春经济圈为龙头,提出打造工业和医药产业"双通道",创建东西部"双开放带",疏通南北、东西"双通道",打造开发开放的支撑项目。向东继续深化与俄罗斯、朝鲜、韩国、日本等国家的合作,向西拓展与中亚和欧洲的经贸合作空间,向南积极对接京津冀,向北与黑龙江省合作,探索中蒙俄经济走廊乃至北极通道。东、西、南、北向的布局和实际探索,初步形成了长吉图先导区全方位开放格局。截至2019年,图们江地区拥有12个国家级开发区,大约占吉林省总数的80%,30个省级以上开发区。[①]

强大的腹地支持是长吉图持续扩大开放的前提和基础。10多年来,长吉图地区的产业结构由单一支柱产业向多个主要支柱产业转变,产业结构已跃升为以高精尖新产业为主。长春市、吉林市的一体化发展趋势不断增强,高铁、高速公路以及多条国道将两地紧密相连,形成了长春汽车经济技术开发区等多个功能区,精细化工、汽车、碳纤维等高新技术产业集聚效应逐渐凸显。长春市和公主岭市也出现了这样的互动式发展模式,促进了道路等基础设施的互联互通,依靠一汽集团推动汽车及

---

① 陈国喜. 中国图们江地区发展海洋经济的历史机遇与挑战[J]. 延边大学学报(社会科学版), 2019, 52 (6): 77-84.

零部件等主要产业的城市化布局，创建制造业集群，催生新的发展动能。长吉图地区战略性新兴产业发展迅速，生物医药、生物化学、电子信息、新材料等产业以年均20%左右的速度增长，产业结构逐步优化。10多年来，国际合作平台逐步建立，有效发挥产业集聚和外联作用，国家战略布局和优质产业的快速扩散，提升了支撑长吉图地区发展的能力。

2019年，长吉图地区与俄罗斯、蒙古、韩国等国家全面合作，发展农林海产品加工业。丰田、三星等跨国公司也已入驻，进出口贸易总额占吉林省的90%以上。① 俄罗斯远东地区与珲春在海产品、煤炭、农业等领域有着良好的贸易关系，吉林省许多企业还在俄罗斯建立了农牧产业园区。长春兴隆综合保税区是吉林省第一个综合保税区，也是"长满欧""长珲欧"中欧班列的端点，货运列车已经覆盖了我国东北、华北的大部分地区，也覆盖了日本和韩国；自2012年中国图们江区域（珲春）国际合作示范区落成以来，有力促进了区域国际贸易，海产品、粮食、矿产资源、食品以及日用品是贸易的主要对象；位于延边朝鲜族自治州和龙市的和龙边境经济合作区与朝鲜隔江相望，已有24家企业入驻园区，17家企业正式投产；② 位于吉林市的中新吉林食品区，有稻米深加工、生物保健品企业的参与，其大多数产品由新加坡进口；长春中俄科技园拥有8个中俄联合研究所及工程中心入驻，新材料、电子设备等高科技产业占主导地位。吉林省推进软环境改革，着力优化营商环境，及时听取企业建议，打通业务环节，建立联合处理机制，优化处理程序；积极推进"数字吉林"建设，充分发挥数字化对经济社会发展的推动作用，推动政府数字化转型，推动营商环境建设。自2009年长吉图开发开放战略实施以来，中朝两国政府在"共同开发、共同管理"的合作模式下，合作开创了中朝罗先经贸合作区，构建了一种"内贸外运"新方式，即内贸货物先通过朝鲜罗津口岸港再跨境运回国内。"出境加工复入境"业务大幅度节省了企业的开销。

长吉图地区内的铁路、公路和民航网络正在逐步形成。向东看，2015年，成功开通了吉图珲高铁，其贯穿长吉图开发开放先导区，3小

---

①② 陈国喜. 中国图们江地区发展海洋经济的历史机遇与挑战［J］. 延边大学学报（社会科学版），2019，52（6）：77-84.

时内从长春直达珲春；向西看，2017年8月，长白乌铁路正式开通，将乌兰浩特市、白城市、松原市带入高铁时代。在公路方面，长吉图地区公路总里程近5万千米，长春借此建成了连接大连港和营口港的内陆港。2018年10月，长春龙嘉机场T2航站楼运营步入正轨，每年旅客吞吐量超过1200万人次。可见，长吉图开发开放先导区交通网络紧密，交通条件便利，与东北其他省份以及关内交通网络紧密相连。面向国际，珲春周边有近10个俄罗斯和朝鲜的优良港口，着力拓展由陆入海，内陆货物东至珲春，经俄罗斯扎鲁比诺港，到达韩国釜山、日本新潟的陆海联运航线已实现常态化运营，由长春至东京、首尔以及符拉迪沃斯托克等城市航线运营情况持续稳定。通化市国际内陆港从丹东港出海每年节省运费近亿元，是长吉图连接环渤海经济圈的枢纽。陆海联动，内通外畅，长吉图地区的对外连通水平不断提升。

（四）哈长城市群

城市群建设是国内外投资开发的重要发展方向，是现代社会城市化进程中区域空间格局的高级表征。加快融入全球化进程和"一带一路"建设，将加速我国新一轮城市群发展浪潮，在区域经济转型和区域整体发展中的重要作用也日益凸显。为了将东北地区深度融入"一带一路"建设，哈长城市群的发展定位需要慎重考虑，尤其需要制定重要、独特和有效的战略和措施，推动哈长城市群经济、社会、环境的协同，成为区域经济增长的新动力。

哈长城市群地处东北地区腹地，陆空交通便利，主要有哈尔滨、大庆、齐齐哈尔、绥化、牡丹江、长春、吉林、四平、辽源、松原、延边朝鲜族自治州等，是目前东北地区唯一获批的国家级城市群，定位为北方重要门户、老工业基地体制机制创新先行区，是中国重要的老工业基地和全国最大的商品粮基地，煤炭、石油、天然气、金属等矿产资源丰富，工业门类齐全，边境贸易、国际物流、商务旅游等服务业发展迅速。哈长城市群是国家新型城镇化战略的重要组成部分。

现代交通系统是促进城市间要素流动和经济联系，最终形成城市群的必要支撑。哈长城市群城际交通状况日趋完善，京哈铁路、102国道、京哈高速、同三（同江—三亚）高速、哈大高速铁路客运专线5大交通干线纵贯南北。其中，哈大高速铁路客运线的建设将东北地区的主要城市连成一线，成为世界第一条高寒地区高铁，省际高速的联通在"东北"板块整合方面取得长足进步。2015年长珲城际高铁正式开通，从长春到延吉只需要2个多小时。延边等沿边城市可通过长春到达全国各地，其他地区也可以通过珲春加强与朝鲜、俄罗斯等国的交流。根据国家发改委、交通部印发的《城镇化地区综合交通网规划》，将以哈尔滨、长春为中心，构建连接哈长城市群所有节点城市约45%的县市的高速城际交通网络。① 依托哈尔滨、长春地区的区位优势，南有强大的重工业基地辽中南城市群，北有俄罗斯，东有朝鲜，西有资源丰富的内蒙古自治区，随着高速交通网络的不断完善，哈长城市群作为我国腹地的重要战略支撑区，将成为加快对外开放的门户。

哈长城市群要成为真正的国家级城市群，产业体系是重要的支撑要素。哈长地区自新中国成立以来一直是重要的工业基地和产粮区，第一、三产业发展潜力巨大，第二产业基础雄厚。第一产业拥有全国最肥沃的黑土地和优良的农业条件，平均每年向市场提供350亿千克商品粮，为保障我国粮食安全做出了重要贡献。近年来，哈长地区密切关注特色农业发展，走现代农业发展道路，积极推进松嫩平原农业综合开发试验区建设，推进千亿斤粮食产能和新农村建设两大工程。长春市建设大量粮油高产示范区和标准化养殖示范区，向农民推广先进科技和成熟经验，全面改善农村基础设施，不断提高养殖机械化综合作业水平。哈尔滨市将实施绿色食品产业纳入发展规划，加快农业产业化发展，重视农产品加工储存新设备的开发和制造。哈长地区是全国重要的重工业基地，拥有一批产能很强的重型装备制造企业，在国内工业领域占有重要地位。如吉林省的汽车零部件制造，黑龙江省的电厂设备、轴承等工业成套产品的市场占有率居全国前列。当前，哈长地区逐步着眼于发展第三产业、信息技术产业和现代服务业，增加新兴产业的就业机会，传统行业从业人员比重下降。同时，固定投资是产业发展的重要动因，政府在哈尔滨、长春等地，加大对城市基础设施、邮电通信、水利建设的投入。例如，

---

① 尹炯. 产业集群视域下哈长城市群协同发展路径［J］. 北华大学学报（社会科学版），2019（6）：112-116.

吉林市、延吉市和牡丹江市都着力发展旅游业，不仅注重硬件设备的建设，更注重服务的不断优化和环境质量的提升。总体来看，哈长地区的产业形势充分体现在培育新兴产业、现代农业和现代服务业的过程中，提供内在动力，助力城市群实现高质量发展。

相同或相近的历史文化背景是城市群形成和可持续发展的内在动力。哈长城市群中的城市位于同一文化区，历史文化条件相似，这是区域一体化发展的重要资源。黑龙江省和吉林省的文化虽然地域跨度很广，但具有高度的一致性，主要特点都是移民性、多样性和体制性，居民讲同一种东北方言，口音相似，民俗和生活习惯相似。2017年，黑龙江省和吉林省在丰富的冰雪文化资源基础上，共同推动世界顶级冰雪项目"白山黑水旅游共同体"建设，两省加强旅游线路联合推广合作，扩大白山和黑水文化的影响力，促进两省文化和旅游产业融合，实现优势互补、共赢的发展目标。由此看来，哈尔滨和长春两个城市的经济和自然条件在客观上是不平衡的，在某些领域存在不同程度的竞争，但文化背景是一样的，因此应以产业融合创新为契机，尽快实现融合协调发展。

哈长城市群人口规模分布相对合理、集中，具有潜在的人才优势和红利，这是城市群持续成长的必要条件。目前，哈长城市群拥有4个500万以上的特大城市、2个300万~500万人口的大城市、5个100万~300万人口的城市。城市总人口分别占黑龙江省和吉林省总人口的77%和70%。哈长城市群创新发展基础雄厚，拥有哈工大、吉林大学等"双一流"建设大学，东北师范大学、延边大学等211名校，这些知名大学为城市群发展提供了大量高层次人才和高新技术成果。拥有1500余家国家和地方科技研发机构和61名两院院士，为哈长城市群发展提供智库支撑的宝贵资源。在读大学生数量可观，达到近160万人，其中吉林大学全日制在校生7万余人，[①] 是全国在校生最多的大学之一。

---

① 张敏，胡建东. 以立体化城市群建设带动东北全面振兴的对策[J]. 经济纵横，2019（7）：57-62.

第四章 东北地区打造对外开放新前沿的新方向

东北地区深度融入"一带一路"建设,打造对外开放新前沿,需要在现有重点区域的支撑下,拓展跨境平台。当前,围绕东北地区的四个方向都在构建新的开放平台,中韩自贸协定签署,《区域全面经济伙伴关系协定》(RCEP)正式签订,中日之间也可以直接建立自由贸易区,中日自贸协定以及中日韩自贸协定也正在推进,中蒙俄经济走廊西线和北线也在不断拓展,中俄之间的北极航线也在规划之中,向南接入京津冀和渤海湾经济圈,东北地区已经置身于更大的开放区域之中。这为东北地区的对外开放开辟新的领域,将东北地区打造成"一带一路"的重要节点,增强东北地区经济发展活力,提升国际竞争力具有战略意义。

第一节 向东建设东北亚自贸区和中朝自贸区

一、推进东北亚自贸区建设

在世界经济地理和区域合作中,东北亚地区双边和多边合作潜力巨大。尽管东北亚地区的历史文脉相通,但各国之间在国家制度、意识形态、经济目标、政治文化等因素上存在差异,再加上历史和现实的政治原因,国家间的合作和自贸区建设进展缓慢。面对东北亚国家关系的复杂变化和域外超级大国的干预,在新型冠状病毒肺炎疫情后的逆全球化趋势中,需要重新梳理现实合作基础、制约因素和建设路线,建设东北

第四章　东北地区打造对外开放新前沿的新方向

亚自贸区，加快东北亚发展。

(一) 现实合作基础

东北亚位于欧亚大陆的东北部，东临太平洋，北临北冰洋，包括中国东北部及日本、韩国、朝鲜、蒙古和俄罗斯远东地区。中国、俄罗斯通过陆路与朝鲜和蒙古相连，中国、俄罗斯、日本和朝鲜半岛隔海相望。东北亚自由贸易区的建立，可能成为区域经济一体化的又一成功模式，无论政治影响力或经济规模，在规模和实力上能够与欧盟、北美自由贸易区相当。尽管东北亚安全局势不稳定，朝韩之间的关系起起伏伏，但国家间地缘政治密切相关，合作意愿不断增强，东北亚自贸区建设具有现实基础。

1. 地缘政治密切

面对世界百年未有之大变局，东北亚的紧张局势有所缓和，彼此对立和隔绝的状态有所松动。从历史上看，东北亚国家间的力量对比正在发生重大变化：日本 GDP 总额早已被中国超越，虽然人均 GDP 仍高于中国，但正在迅速缩小；韩国的造船、汽车、电子、钢铁、纺织等产业虽处于世界前列，但在一些主要科技产业中受制于日本；俄罗斯在遭受金融危机后，加上欧美的制裁，经济一直下滑，直到 2017 年才恢复正增长；朝鲜受国际制裁制约，实力远不及其他国家。从双边关系看，东北亚地区也正在发生变化，历史上的中苏关系，苏联解体后的中俄关系经过 70 年的发展，更加稳定，对维护当今世界和平与稳定具有重要意义。中日在 1972 年恢复外交关系后，又因日本在历史问题和地缘政治上的错误举动，两国关系起伏不定，[1] 但是两国在经贸上具有很强的互补性，合作空间和潜力巨大。日俄在近代以来矛盾重重，二战后的领土问题一直阻挠着两国合作的深入发展，但都承认领土争端不能绑架双边关系，释放出一定的合作意愿。朝韩关系虽然密切，但进展缓慢。中韩关系虽逐渐回归正确方向，但隐忧仍在，两国在"萨德"问题上的矛盾尚未完全解决。日韩虽然都是美国盟国，在政治、外交、安全等方面始终处于美

---

[1] 周锡生. 世界大变局下的东北亚地区合作：机遇与挑战 [J]. 国际关系研究，2020 (2)：70-89.

国控制之下，但两国之间因历史问题，关系也不断受到冲击。东北亚国家间力量对比和双边关系的变化，反映了东北亚国家间的地缘政治格局正在发生变化，对世界的影响也在增大。如果东北亚能够建成自由贸易区，实现区域经济一体化，也可以营造宽松稳定的区域政治环境。

2. 合作意愿增强

当前，东北亚国家都倡导加强对话和了解，促进分工合作，特别是作为东北亚经济中心的中日韩是亚洲乃至世界经济和技术创新的主要驱动力，在经贸、技术等领域具有很高的互补性和依存性。近年来，推动东北亚区域经济合作已成为各国政府的迫切要求，在世界格局的剧变之下，区域合作是实现战略突破和发展的合理选择。在2019年12月的中日韩领导人成都会晤上，文在寅明确提出"韩中日三国拥有不同的技术和优势，依靠经济产业链紧密相连，三国是经济上的命运共同体"，"贸易保护主义、气候变化和第四次工业革命等时代巨变，要求三国进一步巩固合作"；日本虽然一直对中国的经济贸易保持着高度警惕，但倡导和支持本国企业积极参与"一带一路"倡议，这反映出日本经济界对合作的积极态度；中国对建立东北亚自贸区始终保持积极务实的态度，2018年9月，习近平主席在第四届东方经济论坛上提出促进东北亚和平发展的四点倡议，再次呼吁东北亚国家着眼长远，增进互信，维护地区和平安宁，实现各国互利共赢。① 俄罗斯、蒙古和朝鲜也不同程度地表达出合作意愿，俄罗斯将远东开发建设作为战略重点，迫切需要资金、技术和劳动力投入；近年来，蒙古国经济外向性不断增强，资源出口的趋势不断加强，以"多支点"外交战略扩大蒙古国的活动空间；朝鲜对东北亚经济合作表现出积极态度，以扩大中朝边境经济发展合作作为进一步发展与中国等东北亚国家合作的起点。除了官方的努力，非政府组织和智库也非常活跃，东北亚发展合作论坛、东北亚智库论坛、东北亚合作对话会、东北亚经济论坛、东北亚旅游论坛等，推动民间在政治、经济、社会、文化等多个领域的交流，这是增强东北亚国家合作意愿，推动自贸区建设的内在动力。

---

① 陈志恒. 东北亚区域自由贸易区建设的进展与挑战 [J]. 东亚评论，2018（2）：71-85.

3. 自贸区建设进程加快

东北亚自贸区建设主要在中日韩三国的双边合作和三边合作层次上推进。中日韩自贸区议案在 2002 年就已提出,并在 2012 年开始正式谈判,截至 2019 年 12 月,共举行了 16 轮谈判,三国都同意加快中日韩自贸区谈判,尽快建立更高层次的自贸区。据世界银行统计,2017 年三国贸易总额占全球的 20% 以上,但依存度仅为 19.4%,远低于欧盟的 65.7%。中日韩自贸区的建成,有利于充分实现三国产业优势互补,特别是减少或消除贸易壁垒,扩大市场规模,提高生产效率,实现经济和贸易增长。三国在双边自贸区建设方面取得了不同程度的进展,日韩、中日、中韩之间的自贸区谈判和建设取得了程度不一的成效,中国与日本、韩国、蒙古之间建立自贸区的意愿强烈,中韩自贸协定于 2015 年签署,迈出了东北亚国家双边自贸区建设的第一步。① 在全球贸易壁垒高涨的背景下,RCEP 的成功签署,使中日通过这个区域协定首次实现了双边关税减让;韩国正在积极与蒙古和欧亚经济联盟建立自由贸易区,韩国与蒙古之间的自由贸易协定正在筹划和推进;中蒙自由贸易协定的可行性研究正在进行;中国—东盟自贸区的成功建立,激发了建设东北亚自贸区的动力,也提供了宝贵经验。

(二) 推进东北亚自贸区建设的建议

东北亚和解合作呈现积极发展势头,但各种制约和深层次的矛盾也长期存在。在后疫情时代,各国抓住机遇,重塑全球价值链和产业链,增强区域认同感,强化东北亚在世界经济结构、国家和区域经济中的地位。只要区域内国家正确认识历史和现实,加强交流合作,排除外部因素干扰,增强地区认同感,就能推动东北亚自贸区尽快建成。

1. 加强共同体认同

中日韩在国际政治经济领域中都占有重要地位,三国加强政治经济联系将有效推进自贸区的建设。域内国家需要摆脱冷战思维及零和博弈意识,特别是中日韩要顺应时代的主流,共同培育共同体意识。此次新冠肺炎疫情再次让三国团结起来,共同抗击疫情,这证明中日韩有对话

---

① 陈志恒. 东北亚区域自由贸易区建设的进展与挑战 [J]. 东亚评论, 2018 (2): 71-85.

与合作的基础。尽管全球疫情持续蔓延,但东北亚各国有过40多年的合作经历,各国都渴望和平、繁荣与稳定,对话与合作的潜力是存在的。当务之急是把命运共同体作为各国展示勇气和智慧,解决东北亚自贸区各种关系和复杂问题的基本出发点,同时展现面对历史和承担责任的勇气。在新冠肺炎疫情暴发后复杂多变的国际形势下,要着眼于自贸区建设,缔结贸易协定,加快区域经济合作,迎接新的机遇。同时,深化人文社会交流,加强能源、环保等领域合作,不断软化国家间的壁垒,加强区域共同体的身份认同和政治互信,有利于缓和三国之间的政治和安全紧张局势,也有利于抵御国际经济波动的风险。

2. 巩固东北亚地位

自20世纪90年代以来,中日韩的力量对比发生着变化。日本经济长期不见起色,与中韩两国经济的快速发展形成鲜明对比;韩国将信息产业作为新发展的重点,带动第三产业的发展;中国传统劳动密集型产业技术成熟,资产存量大,制造业优势逐渐显现。三个国家之间在资本和技术密集型产品贸易方面的竞争正在加剧,三国间的贸易现状与欧盟类似。随着全球价值链和产业链的重大调整,三国的产业结构也在积极调整。中国在新常态下的供给侧结构性改革,有助于落后的制造业去产能、去杠杆、降低成本,推动产业向价值链中高端迈进。日本和韩国也在努力改善产业结构,日本建立了更加开放的产业发展模式,将未来的产业重点放在创新和信息产业上;韩国政府确立外向型经济发展战略以来,外贸进出口总额大幅增长,2000年就以3330亿美元,居世界第13位。①迄今为止,韩国继续其外向型经济发展战略,以增加就业和改善生活为重点。中日韩正在通过经济结构的调整,升级产业结构和国际分工中的位置,但三国之间的分工也更加精细,保持着较高水平。一段时间以来,全球经济复苏乏力,大宗商品市场消费萎缩,全球经济进入结构调整期。发达国家正在努力吸引制造业回流,重组其产业利益并重新获得发展的主动权;新兴经济体不断改变经济增长方式,调整产业结构。从亚洲看,以东盟为代表的次区域合作更加紧密,东南亚部分国家承接了部分制造业的转移,市场活跃。中国、日本和韩国的国际贸易受到全球经济结构

---

① 郭锐. 新时期推动中韩关系发展的思路探讨 [J]. 东北亚学刊, 2019 (1): 36-44.

调整的影响，在融入全球市场的过程中面临一定的压力和彼此的竞争。中日韩已经认识到区域经济合作的必要性，抓住全球经济结构调整机遇，加强合作，使跨境产业链进一步升级和对接，积极拓展产业链的对接深度，拓展和协调区域内高水平的生产网络，形成多层次分工，提高三国产品在国际市场上的竞争力。

3. 积极应对逆全球化趋势

2008年全球金融危机以来，全球经济持续低迷，区域经济发展不平衡加剧，新的逆全球化趋势已经形成。2017年以来，美国退出跨太平洋伙伴关系协定以及许多国际合作机构，英国脱欧已经完成，尤其是新冠肺炎疫情暴发以来，全球化趋势遭受到更多的质疑。包括东北亚国家在内的全球经济复苏和发展需要高水平的经济全球化，但在西方发达国家的贸易保护主义情绪和行为的干扰和阻碍下，不仅世界贸易体系受到严重的破坏，甚至出现了逆全球化的趋势。东北亚国家要意识到"搞保护主义如同把自己关进黑屋子，看似躲过了风吹雨打，但也隔绝了阳光和空气"，而且在自由贸易方面存在广泛的共同利益，应该共同反对单边主义和贸易保护主义。换言之，东北亚国家在经济发展规划上需要继续联动，中国以"一带一路"倡议对接草原之路、"冰上丝绸之路"等；日本政府把全面推进区域经济合作作为重点，期望不断强化与东亚国家之间的经济合作，甚至推进自由贸易区建设；韩国也将打造自贸区作为扩大国际贸易的重要途径，提出新北方、新南方政策；朝鲜也逐渐强化经济建设。东北亚各国需要继续以实际行动应对逆全球化趋势，夯实区域合作基础。

4. 合理处理各方关切问题

多年自贸区谈判的实践表明，农业问题是日韩在谈判中最为关注的问题。日韩农业生产规模小、劳动生产率低、生产成本高、自给率低，农产品市场的开放与农民的重大利益相关，不是一蹴而就的。中日韩三国农业资源同质化，但也存在着较大差异，互补性很高，合作潜力巨大。此外，开放农产品市场也是顺应区域经济合作发展大势。日本的FTA战略就指出，为了在对外贸易关系中保护国家利益，必须忍受开放市场的阵痛。事实上，日本的农业保护程度虽高，但市场开放的速度并不慢，已采取相应措施改革国内农业结构，为贸易自由化创造条件。贸易自由化将极大推进农业改革,提高农业综合生产力和农产品竞争优势。韩国对农业自由化的限制比日本更为重视,美韩自贸协定是韩国迄今为止签署的最大的农产品开放自贸协定,这也为东北亚国家的敏感产业实现自由贸易提供了可能。

二、建设中朝自贸区

中朝贸易发展拥有着非常久远的历史,其主要特征为边民自发性和政府援助性,但是在新形势下,这种特征早已不再适合今天的中朝贸易发展。因此,只有重新做好对中朝贸易的准确定位,选择合适的区位,制定切实可行的战略措施,才能有利于中朝贸易的持续健康发展。

(一) 战略定位

首先,发展中朝贸易一定要具备清晰的定位。在战略意义上,中朝贸易发展能够在一定程度上保障中国、东北亚乃至世界的稳定和发展。近年来,朝鲜半岛局势动荡不安的深层原因均与韩朝经济发展情况紧密联系,20世纪50年代的朝鲜战争只是处于停战状态,并未结束,朝鲜和韩国都面临着对方的军事压力,尤其是朝鲜希望为经济发展创造一个安全稳定的国际环境。从近年来朝鲜屡次要求针对朝鲜半岛的核问题与美国进行双边对话可以看出,其实朝鲜也是为了其经济发展能得到安全保障。因此,朝鲜经济的恢复和发展对稳定朝鲜半岛局势,甚至东北亚以及世界局势来说都不容忽视。在战略角度上,中国一定要着力深化与朝鲜的对外贸易,推动朝鲜经济发展,才能使朝鲜始终保持主权独立、政治稳定的局面。

根据东北地区自身经济发展需要和中国区域发展规划的要求,东北三省踊跃响应和推进中朝贸易的发展。为了更好地促进区域协调发展,中国先后颁布的《辽宁沿海经济带发展规划》和《中国图们江区域合作开发规划纲要——以长吉图为开发开放先导区》,就是为了推动区域协调发展,深入加强中朝贸易往来。中国的吉林省延边朝鲜族自治州和辽宁省丹东市、朝鲜的罗先特别市和新义州在中朝贸易往来的过程中具有良好的区位优势和基础条件,它们必将为中朝贸易交往发挥领头羊的作用。目前,中朝贸易交往的主要模式依旧以两国共同开展的国际贸易为主。

中朝贸易发展必须要对现有的补偿贸易、易货贸易、现汇贸易的发展进行优化整合，为中朝贸易往来创造良好的环境，最终达到能为推动两国开展多领域的投资合作奠定坚实基础的愿景。

(二) 区位选择

边境重要地区或节点城市必须作为中朝贸易发展的依托点，因此，需要责无旁贷担当起发展两国贸易责任的地区和城市一定有中国丹东市、延边朝鲜族自治州及朝鲜的新义州、罗先特别市。

1. 中朝（丹东）跨境自由贸易区

中国最大的边境城市就是拥有多种类型口岸的辽宁省丹东市，同时，丹东市又是辽宁省实施的"五点一线"经济发展战略中不可或缺的部分。根据自由贸易区功能的标准，丹东成立了中朝（丹东）跨境自由贸易区，中国东北广大腹地全部都可作为中朝（丹东）自由贸易区的依托地带，建设中朝（丹东）跨境自由贸易区也是根据丹东市未来发展方向和朝鲜新义州的实际情况来推进中朝贸易的重要举措。

中朝（丹东）跨境自由贸易区建设具有一定的现实基础。首先，中国自由贸易区建设在经历了保税区、保税港区、自由贸易港区的循序渐进之后，早已拥有了较为成熟的建设保税港区、自由贸易区的经验。其次，丹东市基本拥有能建设自由贸易区的能力。丹东市打破旧的思维束缚，创新发展，充分利用沿海、沿江、沿边的先天地理优势，提出了"大丹东"规划，建设"城港一体化"。在空间上形成"一带、一轴、两廊、三区、多点"的总体空间格局。其中，"一带"是指鸭绿江沿江景观带，着重打造景色宜人、适合居住的区域环境；"一轴"是指将丹东市黄海大道作为引导城市发展的轴线，沿城市交通线将丹东市和东港市进行有效连接，以此来推动城市轴线发展；"两廊"是指沿丹东市石佛河、柳林河建设的两条生态廊道；"三区"是指丹东市、东港市同城连接后形成的丹东新城、临港产业东区和创新产业区三个城市功能区；"多点"是指丹东市和东港市同城连接后形成的高新技术园区、装备制造工业园、船舶重工业园等产业园区。可以说，这一规划完全突破了行政区划的束缚。最后，丹东市对于发展中朝贸易具有坚实的基础。作为中国最大的口岸城市，丹东市拥有港口口岸、航空口岸、铁路口岸、公路口岸、输油管道口岸等10处口岸，这无疑为中朝（丹东）跨境自由贸易区建设打下了坚实的基础。

中朝（丹东）跨境自由贸易区作为外向型经济发展的顶端，在中国实行的地区也仅有上海、深圳、天津三地。因此，尽管中朝（丹东）跨境自由贸易区建设已有一定的基础，但依旧不能急于求成。可以选择递进式实施步骤：首先，以中国丹东市为依托，在中国一侧建设中朝丹东自由贸易区，并且该贸易区一定要具备保税区功能，实施国外货物入区保税，国内货物入区退税，吸引国内外企业入驻的策略；其次，深入贯彻《辽宁沿海经济带发展规划》和"城港一体化"的部署，将丹东市、东港市整合为人力、商品、货物、服务集成、资本、货物流通、具有自由贸易区功能等多功能为一身的整体，在此基础上促进与朝鲜的协商合作；并将自由贸易区范围扩展到朝鲜新义州，不断增加技术、人力、信息等资源以及优势产业、社会事业等合作，将其打造成为中国最重要的自由贸易区。

2. 中朝（珲春）跨境经济合作区

作为中国唯一的朝鲜族自治州——中国延边朝鲜族自治州，自从实施《中国图们江区域合作开发规划纲要——以长吉图为开发开放先导区》以来，该自治州成为吉林省对外开发开放的重要门户。对于中朝贸易的发展来说，延边朝鲜族自治州有着坚实的基础、良好的地理优势以及独具一格的人文环境，因此，选择在该自治州建设中朝（珲春）跨境经济合作区一定能推动中朝贸易的蓬勃发展。

建立中朝（珲春）跨境经济合作区具有可行性。该合作区可以根据中朝两国现有的政治、经济体制，由中国按照"率先规划、超前运作、逐步对接"的原则，先行在中朝珲春口岸边境两侧划定相应区域，创建跨境经济合作区。

从政策环境看，中国政府对建立跨境经济合作区始终秉承支持态度，对推动东北亚区域经济合作也一贯秉承着支持态度。东北地区毗邻俄罗斯、日本、韩国、朝鲜等国，要充分发挥这种得天独厚的区位优势，全方位、多形式地深入贯彻与周边国家的国际经济合作和技术交流，努力拓宽国际贸易和边境贸易领域，建立跨境经济合作区的形式也是属于"多形式"之中的。朝鲜政府也肯定与支持建立跨境经济合作区。朝鲜对

第四章 东北地区打造对外开放新前沿的新方向

图们江的开发开放也曾具有相当高的积极性，即使目前合作积极性呈现下降的趋势，但是朝鲜对这一对华经贸合作重要渠道的重视程度丝毫未减。在 2010 年，朝鲜再次将罗先自由经济贸易区升级为特别市，其可以拥有较大的政治、经济自主权。

从基础设施方面来看，中国珲春已经基本满足跨境经济合作区的地域规划建设和口岸基础设施的条件。在罗先自由经济贸易区建立以后，朝鲜不仅使罗先地区的基础设施得到了完善，还使罗津、先锋的港口条件得到了提升，而且改建了罗津至元汀里的公路，将元汀里口岸打造成为国家一类口岸，使其成为朝鲜北方内陆最繁忙的口岸之一，在 2009 年，朝鲜还在该口岸附近设置了"换装站"，这一举措也成功地推动了中朝（珲春）跨境经济合作区的重要基础设施建设进程。

从经济贸易条件看，首先，中朝两国口岸地理位置毗邻，且都有待开发，均拥有较大的经济发展潜力。进入 21 世纪以来，延边朝鲜族自治州的经济社会发展水平得到了快速提升，《中国图们江区域合作开发规划纲要——以长吉图为开发开放先导区》的批复为延边朝鲜族自治州的持久发展提供了活力和源泉，也为其经济社会发展迎来了历史性的深刻改变。尽管目前罗先特别市还处于经济发展的较低层次，但是其发展潜力十分巨大。其次，中朝两国的经济贸易往来非常频繁。近些年，延边朝鲜族自治州企业深深被朝韩贸易"零关税"和朝鲜丰富的廉价劳动力所吸引，纷纷到朝鲜罗先地区投资设厂，包括烟草、商业、服装加工、餐饮、宾馆、旅游等各个领域，对当地社会经济发展做出了不可小觑的贡献。

因此，在中朝边境建立中朝（珲春）跨境经济合作区具有相当的可实施性。在发展模式上，采用以"借港出海"为建设中朝（珲春）跨境经济合作区的目标，旨在提升边境地区合作效率，提高中朝贸易、投资自由度和优惠的政策力度，充分吸引域内外资金，推动结构调整，增加经济总量，努力为延边朝鲜族自治州逐步成为中国与东北亚的区域性进出口加工中心、国际商贸基地和国际物流中心以及东北亚经济合作的重要平台打下坚实的基础。

（三）发展中朝贸易的建议

中朝贸易在拥有巨大发展前景的同时会遇到许多困难和挑战。只有在中朝贸易已经取得的成绩的基础上，再研究和制定符合中朝两国实际的可行性措施，才能有效地推动中朝贸易的发展。

1. 增强互信和交往

要在政治方面营造对朝鲜发展有利的国际环境。维护和加强中朝两国的友好邻邦关系对两国的长期稳定发展具有重大的意义。中朝关系具有坚韧的历史纽带和深厚的传统友谊，巩固中朝两国在当代国际社会中的友好合作，必须建立起更加坚固的政治、军事互信。从东北亚的安全角度出发，中国也应该给予朝鲜战略上的支持。中国不仅是朝鲜最大的邻国，也是能与朝鲜进行顺畅和深入交流的主要国家之一，在推动朝鲜半岛局势向不生战、不生乱方向发展的过程中做出了艰苦卓绝的努力。正是在中国的积极斡旋下，朝鲜半岛局势得到了明显的缓和，也为中朝贸易往来提供一个持续、健康、稳定的发展环境。

在经济方面合理规范中朝贸易秩序，有效提高中朝贸易水平。首先，深化中朝两国政府以及各级地方政府之间的友好合作，形成能高效、公正处理中朝贸易发展问题的"双边贸易争端协调和解决机制"。其次，实施合理高效的措施，严格规范中朝贸易秩序。究其根本，朝鲜贸易公司计划经济体制下的集权性和中国贸易公司市场经济体制下的无序性才是导致两国出现贸易秩序混乱的深层原因。因此，中国必须建立起一致对外、经营灵活的中朝贸易管理体制，加强对中朝贸易秩序的管理。再次，必须加快推进中朝贸易人民币结算进程，降低中朝贸易风险。最后，对于中朝口岸通关设施的建设也一定要切实加强。

2. 发展贸易

在政治局势基本稳定的前提下，激发国有企业、大型民营企业的广泛参与热情是发展中朝贸易的关键。中国政府应该加强对中朝贸易的宏观调控力度，对地方政府的不当行为发挥适当的引导、约束作用，并积极制定开发朝鲜市场的宏观规划，此类规划需要强化政府的扶持、国家财政和金融支持，并且以国有优势企业为主体，着重发展适销对路商品，以推动中朝贸易的大发展。

目前，中国依旧处在发展工业化时期，部分地区已经进入后工业化时期，机械设备必然面临着更新换代，因此，中国已经成为资源短缺的国家。而朝鲜正处于发展农业化时期，不仅资源丰富，而且与中国一直保持着传统的友好合作关系，两国又是山水相依的友好邻邦，对于两国之间发展补偿贸易最为合适不过。根据经济发展阶段的梯度转移理论，中国企业可以将已经不适应现阶段经济发展的机械设备，尤其是有色金属、煤炭等资源开采设备出口到朝鲜，推动朝鲜资源型企业发展。同时，朝鲜可以将中国设备开发的有色金属、煤炭等资源折价返销给中国企业，弥补中国资源短缺的现状。

3. 选准合作领域

目前，中朝贸易合作具有非常宽广的领域，因为朝鲜大部分产业的发展形势十分严峻，而农业、能源、基础设施、科技和物流等领域正是首要的合作领域。从中朝农业领域合作上看，朝鲜从中国大量进口种子、化肥、农药以及各种农业机械设备等，这样不仅能够使朝鲜农作物的产量得到大幅提高，还能起到完善朝鲜农业种植品种的作用。从中朝能源领域合作上看，中方通过用各种发电、采掘等设备来和朝鲜矿产、森林等资源交换的补偿型贸易的方式，在短时期内能有效提升发展中朝贸易规模的速度，加强中朝两国产业互补性，完善中朝贸易产业结构以及提升朝鲜在中国贸易中的地位。从基础设施领域合作上看，中国吉林省和辽宁省具有十分先进的基建设备、建筑材料以及大量的优秀技术人才，并且通过支援朝鲜基础设施建设也可以拉动中国建筑材料、机械设备的出口。从中朝科技领域合作上看，中国目前的网络通信、交通运输等高端技术领域的发展已走在世界的前列。随着两国的友好合作不断深化，中方可通过将大型成套设备和先进技术向朝鲜出口的方式来推动中朝贸易的向前发展。从中朝物流领域合作上看，通过中朝物流领域合作的不断深入，两国可加强运输工具、基础设施以及人员交流等方面的交往，以物流带动人流的方式来推动中朝贸易的持续发展。

第二节 向西打通中蒙俄经济走廊

中蒙俄三国发展需求有诸多相似之处,"一带一路"框架下的中蒙俄经济走廊建设进展顺利,但随着合作的推进,政治互信不足、合作机制不完善,经济实力差距大,世界贸易网络经济联系薄弱,边境口岸发展不成熟,相关政策尚未落实等因素制约了中蒙俄经济走廊建设的深入开展。因此,三国需要共同努力,增进政治互信,加强多层次公共产品供给,加强跨境产业技术合作,构建成熟的产业链分工体系,发挥港口经济的带动作用,破解发展瓶颈,共同推进中蒙俄经济走廊取得更多实质性成果。

(一)中蒙俄经济走廊建设的成果

中蒙俄都是新兴经济体,互为好邻居、好伙伴。中蒙俄经济走廊建设以来,先后召开了多次峰会,多项重要项目稳步推进,系列框架文件的签署为走廊建设划定了重点:主动对接彼此发展战略规划,国家政府引导合作范围的拓展,以互补经济需求拓展贸易,以重大项目建设构建基础设施联通,以跨境交流平台加强人文交流。

1. 主动对接彼此发展战略规划

蒙古国为了推动本国经济贸易发展,2014年提出"草原之路",希望通过政策沟通和基础设施的联通,提高蒙古国的交通能力,为地区贸易便利化提供条件,将蒙古国的产品通过中国和俄罗斯推向世界。2016年又提出了"发展之路",推动经济的多元发展,如以可再生能源开发提升矿产资源的附加值,以农牧产品工业园推进农牧产品深加工,以生态保护带动旅游业发展。与中俄相比,蒙古国经济发展一直处于较为落后的状态,政府投入有限,劳动力短缺,迫切需要引进资金和技术,扩大市场。中蒙俄经济走廊建设与蒙古国"发展之路"的成功对接,能够为蒙古国提供广阔的市场和稳定的外部环境,拓展其发展空间。

俄罗斯的中心虽然在欧洲,但近些年欧美国家的制裁、经济增长乏力,以及东方国家的欣欣向荣,对中蒙俄经济走廊建设的态度也从观望

第四章　东北地区打造对外开放新前沿的新方向

转变为积极融入。面对欧美国家的政治围攻、经济制裁，获得中国的战略支持可以维护俄罗斯的国际地位和影响力；俄罗斯的基础设施和能源项目建设，对建筑材料的需求旺盛，而本国企业难以满足需要，为中俄进一步推进交通领域合作创造机会；俄罗斯农林渔业产量居世界前列，急需海外市场渠道，而中国是俄罗斯第一大农产品和食品出口目的地，而且俄罗斯质优价廉的木材也是中国市场所需要的；俄罗斯对进口商品的依赖，从轻工业产品到高端技术和工业制造，中国强大的产能、技术和资金是俄罗斯短期内难以拒绝的优势，而俄罗斯的航空发动机等技术也是中国所急需的。

对中国而言，中蒙俄经济走廊在"一带一路"建设中占据重要地位，基本覆盖东北亚和中亚国家，是沿线国家共同的发展平台和机遇，中国与东北亚和中亚国家的贸易结构和产业链整合的可能性普遍高于经济走廊外的其他国家和地区。蒙古国和俄罗斯是中蒙俄经济走廊建设、实现跨境运输和贸易的重要节点，尤其是俄罗斯，作为具有重大影响的世界大国，在多边政治中发挥着重要作用，对"一带一路"建设的统筹推进，具有不可替代的作用。总体而言，中蒙俄三国政治关系良好，合作相对稳定，这是经济走廊建设快速发展的基础。中俄蒙在彼此的外交战略中都占据重要且优先位置，蒙俄是战略伙伴关系，中俄是全面战略协作伙伴关系，中蒙是全面战略伙伴关系。

2. 国家政府引导合作范围的拓展

中蒙俄经济走廊的快速发展得益于三国政府间的积极推动。2014年9月，中蒙俄领导人在杜尚别实现首次会晤，习近平总书记提出启动中蒙俄经济走廊合作进程，建立副外长级别的磋商机制。2015年7月签署《中华人民共和国、俄罗斯联邦、蒙古国发展三方合作中期路线图》等一系列文件，在多个领域表现出具体合作意向，中蒙俄经济走廊建设取得实质性进展。2017年3月，三国有关部门在北京召开《建设中蒙俄经济走廊规划纲要》推进落实工作组司局级会议，合作项目密集对接和启动，明确了两条从中国东北和华北出发的大通道的路线图和时间表。2018年6月，在青岛举行的第四次会晤上，三国元首全面总结和肯定了之前的合作，对下一阶段的深化政治互信和战略协作、基础设施和能源交通、密切人文交流达成了多项共识。2018年12月，中蒙俄铁路交通等部门负责人在乌兰巴托举行了磋商,对几个具体项目进行了分析评估。2019年6月在比什凯克会晤时,三国元首围绕着发展战略对接,就加强政府间密切沟通协作、完善顶层设计、作好宏观规划、完善各领域对话机制进行了商讨。除了国家层面的成就外,地方政府层面的合作也在深入,东北三省正在积极考察筹划和出台对接中蒙俄经济走廊建设的地方政策措施。

3. 以互补经济需求拓展贸易

中蒙俄三国在经济上互补性强,这是中蒙俄经济走廊建设的经济基础。中蒙两国经贸往来历史悠久,1951年建立贸易关系,1991年签署新的贸易协定,双边贸易额从1990年的3000万美元增加到1999年的2亿美元。2008年,签署《中国与蒙古国经济贸易合作中期发展纲要》,计划在农畜产品深加工和矿产资源领域开展密切合作,到2013年,双边贸易额已增至60亿美元,占蒙古国对外贸易总额的一半以上。尽管受国际市场大宗商品交易价格持续下跌的影响,中国仍是蒙古国第一大贸易伙伴。随着中蒙俄经济走廊建设的推进,2017年贸易额达到64亿美元,包括矿产、纺织原料及制品、植物产品等进口,出口电气设备及零部件、锅炉、机械设备等。中国主要向蒙古国出口劳动密集型商品,蒙古国对华出口主要为大宗商品,贸易的互补性很强。2019年,中蒙双边贸易额达79.87亿美元。①

"一带一路"倡议提出后,中俄经济合作和战略对接得以加强,《中俄在俄罗斯远东地区合作发展规划》《中国东北地区和俄罗斯远东及贝加尔地区农业发展规划》《中华人民共和国与欧亚经济联盟经贸合作协定》等合作协定的签署,使双边合作规模和质量稳步提升。中国对俄罗斯的出口主要集中在电子、机械等机电产品以及纺织服装等传统劳动密集型产品,主要从俄罗斯进口矿产资源产品,经贸合作呈现多领域、大格局的良好发展态势,2019年双边贸易额为1109.1亿美元,同比增长2.5%。

20世纪90年代俄蒙双边贸易受政治因素影响波动较大,蒙古国在经济上仍相对依赖俄罗斯。进入21世纪,俄罗斯和中国都加大了对蒙古国能源开发、农业、畜牧业等领域的投资和支持,俄罗斯现已成为蒙古国

---

① 韩鹏,田娜. 中蒙俄经济走廊建设研究[J]. 财经理论研究,2019(3):45-51.

第二大贸易伙伴，2019年两国双边贸易额约为18亿美元。①

从中蒙俄贸易规模和结构来看，在环境相对稳定的条件下，贸易规模总体呈上升趋势。中蒙俄三国经贸发展水平不同，政治、经济、文化背景差异很大，但在世界经贸环境频繁变化的大格局下，三国愿意加强合作，这为建设中蒙俄经济走廊创造了良好的前提。

4. 以重大项目建设构建基础设施联通

在基础设施建设方面，中蒙俄经济走廊已形成以铁路、公路、桥梁、边境口岸为基本支撑的跨境基础设施连接网络，为中蒙俄三国各领域之间的交流提供了坚实的基础设施条件。

在铁路建设中，"津满欧""苏满欧"等国际货运列车陆续开通，大通道建设的成果不断显现。2017年滨洲铁路实现电气化运营，告别了依赖石油机车的历史，2019年同江中俄跨河铁路大桥建成通车，成为中俄两国在基础设施领域务实合作的示范项目。中蒙铁路合作项目也在快速推进，白阿铁路、长白铁路如期贯通。2016年策克口岸开工建设跨境铁路，建成后，策克公路和铁路两个口岸每年过货量将超过3000万吨，揭开了中蒙俄经济交流的新篇章。在公路、桥梁建设方面，中俄黑龙江公路大桥已于2022年6月10日正式通车，将有力推动中国东北与俄罗斯远东地区之间新交通体系的构建和完善。2019年7月，中蒙合作的乌兰巴托机场高速公路移交蒙古国使用，也是"一带一路"的标志性项目。

关于口岸建设，目前，中俄边境已开放水陆口岸22个，中蒙之间有13个陆路口岸，具有地理优势和民族优势的边境口岸是中国对外开放和发展的桥梁。2016年乌力吉公路口岸对外开放，位于阿拉善左旗乌力吉苏木境内，辐射至蒙古国巴音洪格尔、南戈壁、前杭盖等五个省。满洲里口岸是中国最大的陆路港口，满洲里综合保税区于2016年12月20日正式投入运营，2020年保税区跨境电商业务启动，满洲里边境电商信息流、资金流、物流进一步集中。中蒙—连浩特-扎门乌德跨境经济合作区主要发展工业生产、交通运输、物流和现代服务业，合作区的建立将进一步拉动内蒙古贸易的健康增长。陆路边境口岸已成为中蒙、中俄实现经贸合作的重要战略通道。

---

① 李蔚. 浅析中蒙俄经济走廊的贸易发展现状 [J]. 内蒙古统计, 2019 (6)：15.

在能源管道铺设方面,2018年1月1日,中俄原油管道二线正式开运原油,运油量增加一倍,缩小了我国石油资源供应的缺口。与此同时,俄罗斯正在加大对华油气领域的投资,2017年4月,俄罗斯阿穆尔州斯沃博金区的阿穆尔天然气处理厂项目二期招标正式启动,这是中国石油进入俄罗斯市场的第一个项目。项目已于2022年4月顺利完成施工,进入调试阶段,建成后,年处理天然气420亿标准立方米,年产氦气6000万立方米,每年将向中国供应380亿立方米天然气。

5. 以跨境交流平台加强人文交流

近年来,中蒙俄高层互访频繁,全面增进了政治互信,推动了一系列务实合作,取得了丰硕的成果。1989年中蒙关系正常化以来,两国在文化上相互学习,交流日益活跃,联合科研、智库论坛、"文化周"、"文化月"已成为中蒙文化交流的盛会。2011年,乌兰巴托中国文化中心正式启用,这是第一个在邻国建立的中国文化中心,也是蒙古国人了解中国的重要窗口。2015年10月23日,首届中蒙博览会在内蒙古呼和浩特举行,迄今已举办四届,成果越来越务实,备受关注。① 2017年7月,中蒙国际文化交流基地在北京通州潮白河畔落成,为两国文化交流合作提供了新的平台。中俄人文合作委员会自2019年成立以来,已进入健康稳定发展阶段。通过"旅游年""青年年"等系列活动,两国在教育、卫生、媒体、档案等九大领域开展了内容丰富的合作。中蒙俄三国定期开展交流活动,如中蒙俄经贸合作洽谈会议,这是一个涵盖跨境经济合作、跨境电子商务、跨境金融创新合作等多领域合作的平台,2018年签署11个合作协议,金额83.18亿元。中蒙俄边境地方政府、商会和企业也积极响应,促进了区域经济伙伴关系的发展,提高了互联互通和开放水平。

(二)优化中蒙俄经济走廊建设的建议

当今世界正面临百年未有之大变局,中蒙俄要着眼共同未来,把握发展大势,针对制约中蒙俄经济走廊建设的短板,采取有针对性的措施:以多层次国际公共产品供给增加政治互信;以建设跨境产业科技合作园

---

① 刘珣. 中蒙俄经济走廊建设中的国家战略耦合性研究 [J]. 学术交流, 2017 (11): 142-148.

构建产业链分工体系；以加强口岸合作推进协同发展；以促进经济走廊的互联互通加强基础设施建设。

1. 以多层次国际公共产品供给增加政治互信

政治互信是深化中蒙俄经济走廊建设的重要前提。通过多层次国际公共产品的供给，以形成对长远目标的共同理解和认识，从而加强政治互信。经济实力强于俄罗斯和蒙古的中国有责任主动构建公共产品供给。一是促进人类命运共同体理念的传播。人类命运共同体是中国提出的人类文明的创新，是一种非强制性的、积极进取的、全面的文明理念。以构建人类命运共同体为目标，通过人文科学交流与合作机制，打造更加和谐多元的社会文化互动平台，加强各国之间的交流。充分发挥媒体的传播功能，宣传中蒙俄经济命运共同体在维护国家安全、促进区域合作、改善民生等方面的共赢理念，打消各方疑虑，营造良好舆论环境和支持氛围。二是中国主动与蒙俄两国政府加强协调，建立海关、口岸、铁路等部门的协调沟通机制，为共建经济走廊提供更加高效的政策支持和制度保障；推进新型支付结算体系和评价机制建设，破解区域合作资金瓶颈，促进贸易便利化和自由化，推动人民币跨境支付结算；深化区域贸易协定谈判，促进各方降低贸易壁垒，鼓励参与国在贸易合作中发挥比较优势；切实制定解决目前中蒙俄边境通关普遍存在拥堵问题的可行性方案，建立全天候通关程序与跨境监管程序相结合的一体化体系。三是落实组织架构和实质性合作的机制化建设。针对各方存在的信息不对称、文化差异、管理体制差异等问题，不断完善现有峰会机制，充分发挥其顶层设计、统筹协调、服务支撑作用，在关键问题上继续坚定支持，加强务实合作，提供系统性战略指导；加强外长级磋商机制和部长级合作机制，着眼于提高相应部门的协调效率；建立地方领导人对话机制，包括区域间互联机制、信息共享机制，促进文化、教育、旅游、农业等领域的密切合作，充分调动地方政府和企业的合作积极性，也为建设中出现的问题能够被及时沟通处理提供条件。

2. 以建设跨境产业科技合作园构建产业链分工体系

跨境产业园区是促进沿线各国产业转移和转型升级的重要平台。从长远来看，要着力建设跨境科技合作园区，形成成熟的产业链分工体系，优化中蒙俄合作产业链布局。几十年来，中俄合作早已从传统能源领域向高科技领域发展。俄罗斯科技实力雄厚，拥有 4000 多个科研院所和 90 多万科研人员，航空航天领域保持着世界领先。①中国在高铁、电动汽车、无人机（船）、超级计算机、可再生能源和人工智能等领域已经或者即将获得领先位置。建设跨境科技合作园区，为科技成果转化合作奠定基础，促进两国经济发展。在园区规划建设过程中，明确三国对园区的法律影响，以规范企业经营，规避法律风险，切实保护各国利益。中国将加强资本输出，发挥俄罗斯强大的研发能力，通过资本和技术的有效结合，将传统产业与互联网、大数据、人工智能紧密结合，共同推动研发、设计、品牌建设，推动产业链向高端迈进。在区域合作机制框架内，可以优先实现共建专业技术研究所，为两国科学家之间的技术交流创造环境。同样，为了延伸中蒙俄产业合作链，在产业园推出大型的优秀项目，利用深加工技术，形成特色鲜明、链条完整的农产品深加工集群。在这个过程中，发挥我国沿边省份的资金和产业优势，提升科技实力，加强沿边城市与腹地之间的协同，形成有效的合作。

3. 以加强口岸合作推进协同发展

口岸是中蒙俄边境地区经济发展的重要载体，是中蒙俄经济走廊建设的重要节点。中蒙俄将创新产能合作机制，围绕交通线建设国内外协同的产业科技园区，提供矿产开发加工、能源、农产品加工等领域的产能合作，促进口岸经济与口岸城市的合作发展。加强基础设施改造，注入更多的政策、资金和技术支持，协调实施跨境基础设施合作项目的建设和运营，加强各种交通方式的规划和联通，努力实现一体化建设。加强口岸城市的产业发展，整合口岸城市产业基地，搭建多元开放平台，做强口岸城市产业，形成全面的产业链和口岸城市产业转型升级，提升口岸城市整体效益。②满洲里口岸可建设以物流为主的国际物流贸易园区和空港物流园区，整合现有仓库、物流园区、配送中心、中转站等，提高仓库利用率，提高库存流通效率。同时，建立国内外协同的产业科技园区，大力支持口岸城市实现对沿线地区的带动作用。此外，满都拉、策克等新兴口岸亟须解决基础设施建设严重滞后、缺乏政策支持、产业

---

①② 米军，李娜. 中蒙俄经济走廊建设：基础、挑战及路径［J］. 亚太经济，2018（5）：5-12.

基础薄弱等问题，需要明确功能定位，给予政策倾斜，加大投入，加强基础设施建设，弥补短板，切实解决口岸发展实际困难，促进口岸城市快速发展，创新发展模式。

4. 以促进经济走廊的互联互通加强基础设施建设

中蒙俄经济走廊的互联互通是提升三国贸易便利化、构建高水平自由贸易网络的前提，应该成为三国合作的优先领域。一是建设连接欧亚的跨境大通道，乌兰巴托和伊尔库茨克地区能够成为这个大通道的枢纽，即联通俄罗斯西伯利亚铁路，向西直通欧洲各国，向东连接俄罗斯远东地区和中国东北地区，甚至可以向北联通俄罗斯北极航线，如此庞大的国际基础设施空间布局，将改变欧亚大陆的交通格局，充分发挥中蒙俄三国交通物流产业融合发展的潜力，推动我国东北地区的经济增长。借助"冰上丝绸之路"和亚欧大陆桥，实现中国、蒙古、俄罗斯及相关国家的共同发展。在此基础上，通过启动一批重大项目，加快推进重点路段、新建缺失路段、畅通瓶颈路段，形成统一的运输协调机制；构建多层次、多功能、高速的综合物流体系，加强基础设施硬件、通关能力建设，提高信息系统水平；推进跨境电力和输电通道融合建设，积极开展区域电网升级改造合作，提升供电能力，加快智能电网改造升级，促进口岸一体化。二是利用中欧班列提升中蒙俄贸易便利化水平和贸易潜力。已经运营的中欧班列中，从西南出发的渝新欧、蓉欧快铁和从中部出发的汉欧班列成效显著，不仅将中国制造业推向欧洲，也从沿线国家引进优质产品，带动了沿线国家和城市之间的交流。针对回程负荷不足的现象，为提高运营效率，加强对国内列车的统筹管理，以新增列车为重点，在沿线城市建设产业园区，形成列车+园区+配送+深加工的发展模式，同时利用大数据和最新信息化手段搭建中欧班列物流信息共享平台，进一步降低物流成本，提高运营质量，组织返程班列合作联盟，组建境外联合体，提升海外货源整合和议价能力。

第三节　向南对接环渤海经济圈

以京津冀为核心,以辽东半岛和山东半岛为双翼的环渤海经济圈,是继长三角、珠三角之后在我国北部形成的跨区域经济合作区,地理位置联系紧密,气候、人文环境相似,发展基础良好,合作中的互补性强。因此,国家和地方政府在多个层次上将合作不断推进,成果日益突出,特别是京津冀地区的合作成效显著,产生了巨大的社会和经济效益。环渤海经济圈在发展的过程中,也不断暴露出经济实力不足、产业同构化严重、基础设施有待提高等问题。为增加区域经济增长活力,需要持续出台相应政策支持,形成新的发展战略,为环渤海经济圈发展注入新动力。

（一）环渤海经济圈建设成效

环渤海经济圈地理位置优越,交通便利,自然资源丰富集中。改革开放40多年来,区域内主要城市,特别是沿海城市吸引了大量的资金、技术、人才等生产要素,区域发展整体水平有了显著提升。近些年来,随着京津冀一体化的推进,国家多项优惠配套措施的落地,合作层次逐渐体系化,产业结构优化成效显著,区域产业协同发展稳步推进,正在成为最具综合效益和发展潜力的跨区域合作区之一。

1. 合作层次逐渐体系化

环渤海经济圈因其特殊的经济、政治和社会发展地位,1986年域内15个沿海城市市长聚在天津举行了环渤海区域合作市长联席会议,至今通过的一系列计划文件,如2004年的"廊坊共识""北京倡议""联席会议"机制①,2006年的"天津倡议",表示加强环渤海区域各城市间在交通、能源、产业、科技、环境、旅游等全方位的合作②。中央对环渤海

---

① 高鹏. 环渤海经济圈何时突破"诸侯经济"[EB/OL]. (2005-01-25)[2022-05-20]. https://business.sohu.com/20050125/n224097810.shtml.

② 王民官. 解读"天津倡议"参与区域合作[EB/OL]. (2006-08-11)[2022-05-20]. http://www.chinavalue.net/Finance/Article/2006-8-11/40172.html.

经济圈的建设持续关注和推动，1992年，党的十四大报告明确"环渤海经济圈"概念，提出要加速环渤海湾地区的开放和开发；2011年，《山东半岛蓝色经济区发展规划》正式批复；2013年，习近平总书记提出要推动河北省-天津市协同发展；2018年，习近平总书记考察东北时提出东北振兴要与京津冀协同发展。在这一系列中央和地方政策规划的推动和支持下，京津冀、辽东半岛和山东半岛均纳入国家发展战略之中，内部协同发展有序展开，有力推动了环渤海地区经济增长和区域合作发展。

在长期的互动合作交流过程中，中央和地方对区域合作的思路越来越清晰，频繁的互动共同营造协同发展环境，有力推动了区域一体化发展趋势。在中央和地方政府的引导下，各省市基本形成了政府引导、部门协调、企业参与、市场化运作、社会化服务的指导原则，各层次的协作体系逐步形成。在城市层面，市长联席会议运行至今，规模、范围和影响力不断扩大，在合作领域和区域经济合作平台建设上发挥着重要作用。不同层次的合作组织先后成立，包括辽西蒙东经济区联合体、"九市一盟"等，纳入各级地方政府部门、行业组织等多类型主体，推动各形式合作的深入拓展。民间行业团体、商会和企业组成的跨区域组织，为不同类型的市场主体提供交流平台，实现优势互补，促进环渤海经济圈合作。

2. 产业结构优化成效显著

环渤海经济圈不同省市之间的经济发展水平和产业结构不同，北京市是全国优势资源集聚地之一，已实现第三产业主导的"三、二、一"的产业结构；天津市在多年前也开始了产业结构升级，逐步改变了以工业为主的格局，经济发展质量稳步提升。北京市、天津市之外的河北省、山东省和辽宁省，在产业结构上各有优势，也都在积极加快产业结构升级，实现经济增长的提质增效。

整体上看，环渤海经济圈区域内各省市的产业结构梯度明显，互补性很强。北京市以服务业为主，为服务贸易的发展提供了强劲动力，产业结构向高端化、均衡化演进；山东省、辽宁省第三产业比重略高于第二产业，呈现出服务业和工业并行的产业发展态势，辽宁省第二产业占优，山东省第三产业增量最大；天津市随着新产业、新业态的发展，工业的主导地位逐渐让位于服务业；河北省是个工业大省，服务业直到

2018年才超过第二产业，需要进一步发展。环渤海经济圈周边省市的产业结构总体上具有北部沿海地区的特征，是中国北方相对发达的地区。第一产业比重普遍较高，但分布相对不均衡，北京市2017年的第一产业增加值几乎占四分之一；第二产业比较发达，区域内拥有数千家大型企业和60多个港口分布，凭借其优越的历史基础、地理位置、自然资源、产业布局，特别是制造业的传统优势，而成为港口、工业、城市最密集的地区之一。① 第三产业快速发展，成为环渤海地区新的增长点，尽管服务业增加值最大，但人均增加值低，仍有很大的发展空间。从区域内部看，域内服务业发展水平存在较大差距，产业合作是现实的需求。

3. 区域产业协同发展稳步推进

环渤海经济圈各级地方政府明确合作共识、强化合作理念、规划合作方向，以双边和多边合作为重点，形成了经济社会全面发展合作规划，包括基础设施建设、空港海港服务、商贸流通、创新驱动、环境治理、人才交流等内容。在交通合作上，京津城际铁路、京津高速公路、环渤海高铁、滨海大道、塘承高速公路等，不仅将沿岸城市、港口与陆路连通起来，更将沿海与腹地连通起来，辐射能力更强。从口岸合作上，内陆口岸是天津推进港口功能、口岸功能、保税功能向内陆拓展的重要手段，在环渤海经济圈的12个城市设置了20多个内陆口岸，如北京、沈阳、石家庄、保定、邯郸、德州、淄博等城市。② 在科技人力资源合作上，环渤海应用技术协同创新联盟自成立以来，一直致力于支持职业教育的改革发展，为服务区域建设提供一批优质教育资源，这是构建和共享跨地区、跨行业的教育资源，培养专业技术人才的重要平台。③ 在金融合作上，天津股权交易所与淄博市共同启动设立淄博齐鲁交易中心，为成长中的中小企业提供高效、低成本的金融服务；渤海银行、盛京银行、齐鲁银行、威海商业银行、河北银行等在环渤海地区设立跨区域分支机构，推进金融信息共享，引导区域间资金流动，实现金融资源的优化配置。

---

①③ 庞金华. 在环渤海区域合作市长联席会第十五次市长会议上的工作报告 [J]. 环渤海经济瞭望, 2011（6）: 6-8.

② 刘良忠, 柳新华. 加快推进渤海海峡跨海通道工程的规划及建设 [J]. 科技导报, 2016（21）: 82-84.

（二）渤海经济圈深化合作的困难

环渤海经济圈是我国北方地区形成的相对成熟的城市群，但与南方的长三角和珠三角相比，面临着整体经济实力较弱、产业结构趋同、港口群竞争严重、创新活力不足等困难。

1. 整体经济实力较弱

环渤海经济圈不同省市和城市间存在经济发展不平衡、联系不紧密、中心城市辐射力不足等现象。"十三五"以来，环渤海地区的辽宁省、河北省、天津市、山东省的经济增速放缓，面临不同程度的低生育率、人口老龄化和生态治理等问题。环渤海经济圈各省市经济实力也可细分为三个层级，第一层级的是北京市和天津市，第二层级的是山东省，第三层级的是辽宁省和河北省。2019年人均GDP的情况：北京市16.29万元，天津市9.06万元，山东省7.1万元，河北省4.67万元，辽宁省5.7万元，差距明显。地处内陆腹地的山东西部、河北中西部、辽宁北部地区发展明显落后于沿海地区，河北省环京津地区甚至是以贫困带的面貌存在，这是由经济资源向沿海以及发达城市集中造成的，这种辐射力不足与区域城市经济联系不紧密密切相关。目前，环渤海经济圈也形成了三个相对独立的城市群，京津冀（北京市、天津市、唐山市）城市群、辽中南（沈阳市、大连市）城市群、山东半岛（济南市、青岛市、烟台市）城市群，受到历史经济区的划分和现实地理位置的阻隔，辽中南城市群与东北地区交流较多，山东半岛城市群将东部沿海地区作为发展重点，京津冀与辽中南城市群和山东半岛城市群缺少协同谋划。环渤海经济圈结构松散，远未形成一个有机协调的整体。

2. 产业结构趋同

环渤海经济圈产业发展普遍同质化严重，存在着严重的内部竞争，短期内难以实现共同发展。高精尖产业主要集中在京津两地，北京市在服务业尤其是创新相关产业领域发展强劲，天津市将打造国家先进制造研发基地、北方国际航运中心、金融创新运营示范区、改革开放先行区。山东省、河北省、辽宁省科技创新产业发展相对薄弱，特别是辽宁省，正进入转变发展动能、优化产业结构的重要阶段，产业发展水平存在着较大差距，不利于环渤海经济圈地区整体经济水平的提升和区域经济的高质量发展。在产业布局上，除了钢铁、化工、煤炭、建材、电力等传统产业外，在电子信息、生物制药和新材料产业规划发展上存在竞争，高新科技产业还处于早期阶段。在港口产业集群发展方面，几乎所有沿海城市都有港口，功能定位基本重叠，同质化严重，产业结构难以互补，阻碍产业集群的扩展，域内竞争严重。环渤海经济圈的产业链不完善，未形成有序的产业集群链条，无法形成协同发展。

3. 港口群竞争严重

环渤海经济圈港口合作发展缺乏系统的规划。域内港口众多，资源整合涉及多个省市，港口职能重叠、分工不明确，如天津滨海新区定位为北方国际航运中心、大连将打造东北亚国际航运中心、青岛将取代上海港成为亚洲集装箱枢纽港；京津冀地区的四个港口，空间距离非常近，唐山曹妃甸港与天津港非常近，仅38海里，共用一条海沟，拥有共同的经济腹地，竞争激烈。域内港口群整体布局混乱，船舶进出港和港口通道之间的竞争造成港口资源浪费，限制了港口群整体效率的提升。港口合作缺乏整体协调机构，地方政府部门无法从整体上规划和管理不同区域港口之间的合作与协调。因此，无法达成科学合理的合作机制，就难以就港口合作达成协议，更无法形成良好的合作关系。

4. 创新活力不足

环渤海经济圈行政区划较多，行政区划与经济规划不一致，地方保护主义在一定程度上存在，特别是资源配置和生产要素的自由流动受到限制，市场机制难以充分发挥作用。政府在稀缺资源的配置中仍然占主导地位，寻租行为屡见不鲜，造成社会资源的浪费，阻碍了公平竞争和制度创新。同时，环渤海经济圈企业以国有大中型企业为主，民营企业规模小、信用低、技术含量低，处于从属地位，在各方面受到不公平待遇和压力，缺乏创新动力和市场意识。制度创新的意愿较低。两类主体创新热情不高，导致区域创新能力较弱，经济活力不足。

（三）发挥环渤海经济圈整体活力的建议

环渤海经济圈承担着缩小南北发展差距的重任，需要推动区域统筹协作，优化产业结构，深化港口合作协同，以市场化机制实现创新驱动。

1. 推动区域统筹协作

区域整体发展要在顶层设计上实现统筹规划，各地方部门和行业才能有序推进，达到纲举目张的效果。环渤海经济圈各级地方部门和行业要在中央的统筹规划下，逐步构建层次分明、功能多样、布局合理的城市群体系。北京在纾解非首都功能的同时，要考虑其他城市的发展需求，而不是简单的资源置换，辽宁和其他地区及城市在承接北京非首都功能的同时，发挥自身的产业优势；天津正在积极发挥港口和滨海新区的作用，并在承接部分北京纾解功能的同时，深化区域内制造业分工，拓展纾解战略和湾区经济，形成现代服务业、高新技术产业、钢铁石化产业为主导的城市群增长，带动辽宁省、河北省和山东省的高质量发展，实现环渤海城市群体系的多层次一体化发展。针对环渤海经济圈企业在所有制结构、运行机制、市场化程度，以及体制机制改革和营商环境等方面的问题，要出台专门的改革方案，推进效率、动力和质量变革；建立环渤海经济圈综合管理机构，统筹交通运输、空间布局、产业结构的优化，消除行政障碍，协调分工合作，促进企业创新，形成规模经济，消除恶性竞争，增强区域整体竞争力。

2. 优化产业结构

针对产业结构趋同、专业化分工低、科技创新产业规划重点趋同等问题，要实现差异化规划。

一是强化北京市和天津市的双核地位，北京市要加强产业发展，加快形成一批优势突出、特色鲜明的重大产业平台，为科技成果产业化奠定基础，发展城际科工贸、产学研联合合作。天津市是我国重要的工业城市，高技术制造业优势明显。突出京津作为区域经济中轴的作用，实现京津优势互补。天津市要积极培育战略性新兴产业，加快传统产业转型升级；与北京市打通从中关村通到滨海新区的科技产业化廊道；实施青年人才发展工程，吸引北京市高层次人才到天津市创新创业；建立创新基地，吸引北京市和其他地区金融机构入驻滨海新区，吸引北京市企业到天津市保税区发展加工和现代化物流产业；主动增强政治意识，服务北京，努力完善口岸功能，服务北京对外开放。

二是京津冀协同发展将带动环渤海经济圈整体发展。从地理上看，京津冀地区的产业发展关系到整个环渤海经济圈区域的发展。要围绕京津冀协同,点成线,线成面,促进整个区域的发展进步。其中,河北省作为主要的工业、农业大省,依托自身的农业优势,大力发展现代农业,以京津两大市场为核心,大力发展绿色农业副产品,以建立供应基地实现供给侧结构性改革;利用北京高新技术产业的放射性和雄安新区建设,将企业和产品生产的承接转变为承接技术,实现互利合作。

三是着力打造各地优势产业,以制造业分工为重点,深化城市群建设。京津冀以现代服务业、高新技术产业、钢铁石化产业为核心;山东省要充分利用沿海优势,加快铁路、航空、交通发展,建设东北亚物流枢纽和贸易走廊;辽宁省将利用沿海经济区扩大对日、韩、朝开放,在延伸产业链、推进现代信息化农业建设、供给侧结构性改革的同时,必须坚决加快淘汰过剩产能,建设全国新型工业化示范基地,开辟新的增长点,获得发展新动能。

3. 深化港口合作协同

环渤海经济圈推动港口整合,实现港口之间的合作协同。一是建设跨区域的港口合作管理机构。环渤海港口合作具有跨区域性,为此需要设立跨区域港口合作管理机构,明确性质地位、职权范围、工作方式等,以实现港口的分工布局、功能互补和绿色发展。二是推动产权融合,完善港口合作模式。以资本渗透和相互持股、建立有限公司等方式实现多港口的联动开发;以战略合作协议,协调各港口战略目标、服务方向和功能的发展,制定合理的发展规划,把握各港口建设规模,形成战略合作关系。三是应用智慧物流技术,建立多层次的沟通协调平台。通过应用智能软硬件、物联网、大数据,以政府和港口企业为平台合作主体,扩大电子口岸覆盖范围,完善信息交流共享平台和口岸监控,提高港口监管单位、物流公司、行业协会等单位之间的数据交换和信息共享,提高地区政府部门和企业之间的合作效率,从而提高港口服务效率。四是完善港口合作机制、法律法规和行业规范。港口的合作协同面临复杂的分工协调、利益协调、资源配置、信息共享、风险管理等多重问题,将原来的竞争对手变成合作伙伴,要从多方面建立和完善协调合作,强化港口和航运公司行为规范和管理体系,为后续港口资源整合提供法律保障,形成分工规范、协调、合规的体系,进而形成利益共同体。

4. 以市场化机制实现创新驱动

环渤海经济圈普遍面临着市场活力不足的问题，需要着力创新体制机制。首先需要解决两个问题：一是意识问题。引入战略投资者整合落后产能，目的不是资产的保值增值，而是对现有资产的有效管理，因为如果资产不能得到有效管理，就没有价值，甚至是负担。二是改革包袱问题。历史原因造成体制、机制、能力落后所积累的各种社会负担不能由企业担负，否则无法有效管理现有资产。混合所有制改革过程一定要遵守市场规律，各种历史和社会负担需要通过其他方式解决。实施大规模混合所有制改革，从制度上促进环渤海地区传统企业与发达地区先进企业的融合，让潜在战略投资者参与改革方向的设计，加快处置"僵尸企业"，让有效资产健康运行。

在解决这两个问题的基础上，下一步是从多方面改革和创新体制机制，建设多元化的制度创新主体，破除制度创新的瓶颈，实现制度性反哺。一是通过适当的制度创新，让关联企业参与改革，通过权利分享和利润分享机制充分调动其积极性，确保改革方向能获得广泛认同和支持。利用互联网、大数据、人工智能等新技术，搭建互联互通的技术应用平台，加强行政改革，优化重组政府行政程序，实现审批的规范化、效率化。二是形成新的竞争优势，降低过高的制度成本、社会交易成本等各种瓶颈，避免因各种人为因素和制度问题吞噬了优秀企业发展的活力，实现企业重组的市场化、制度化、法治化，大幅降低交易成本。其中传统国有企业改革，员工要充分参与，员工的意愿要充分考虑。[①] 三是通过政策反哺，带动环渤海地区的改革创新。环渤海地区的老工业城市众多，有必要通过国家"输血"给予一定的反哺，希望重新形成"造血"功能，实现轻装前行。

---

① 钟茂初. "过剩经济"背景下的若干发展难题与因应路径 [J]. 学习与实践, 2017 (1): 13-22.

第四节　向北参与北极航线开发和对接俄罗斯远东发展战略

随着北极环境变化和俄罗斯远东开发战略的实施，我国参与北极航线的开发，对接俄罗斯远东开发战略，对东北地区而言也是扩大对外开放，打造对外开放新前沿的主要方向。

一、参与北极航线开发

（一）参与北极航线开发的意义

北极航线的开发有助于我国打破海上能源运输困境，拓展地缘政治空间，推动区域协调发展。

1. 打破海上能源运输困境

近年来，我国对能源进口的依存度持续增加，主要的石油进口地区是中东、非洲、俄罗斯和南美。中东地区安全局势动荡，油气资源储量急剧减少，印度洋—马六甲海峡—南海航线涉及敏感复杂的国际政治关系和频繁的海盗袭击，而且水文条件复杂，存在许多安全隐患。

北极航线的开发，不仅使北极地区拥有的极其丰富的资源能够被开发，而且经过北极到欧洲的航线比现有航线优越。与现在的经由马六甲海峡、苏伊士运河到达西北欧的航线相比，航程减少了2800多海里，时间缩短了10~15天，既可以避免海盗和暴乱恐怖分子的威胁，也缓解了"马六甲困境"，提高中国外交政策在地缘政治空间内的灵活性，增加自主权，从而保障国家的经济发展和国防安全。

2. 拓展地缘政治空间

随着北极航线通航季节的延长，地缘政治空间也随之扩大，北极圈国家之间的合作与竞争发展到一个新的阶段。北极航线的开通，势必会减弱传统航线的分量，破坏传统航线的垄断地位。相对而言，北极航线沿线港口的繁荣发展，以及沿线城市的扩张和功能提升，必将引起航线途经国家的关注，其地缘政治影响力也将随之上升。

中国作为靠近北极的国家，在北极地区拥有重要的国家利益。参与北极航线的开发将提升我国在北极的地缘政治影响力。中国与北极国家关系友好，但经贸交往程度还有待提升。作为世界第二大经济体，中国的国际影响力不断增强，与世界各国建立了友好外交关系，国际贡献不断增加。中国与北极国家的经济政治合作具有广阔的发展空间。北极航线的开通以及与沿线国家的密切交往，降低了我国在北极贸易活动的阻力，扩大了我国与北极国家的对外贸易规模，有助于拓展我国在北极的地缘政治空间。

3. 推动区域协调发展

北极航线的开发对我国而言，不仅大大缩短了与欧洲和北美市场的距离，而且有效推动了我国的造船业、港口、海洋信息服务等相关产业发展。随着我国与北极国家开展更多能源和原材料贸易，我国港口的分工将相应调整，沿海城市利用北极航线，积极发展与俄罗斯和欧洲的贸易，从而推动调整和优化产业结构的进程，这将获得更多市场占有率，提高我国在全球价值链中的地位。

东北地区沿海城市在第一轮沿海城市开发中没有抓住机遇，开放程度不高，对腹地的拉动作用有限。与我国其他沿海地区相比，东北地区具有参与北极航线开发可利用的优势，包括地理优势、资源优势和产业优势。以"冰上丝绸之路"建设为契机，建设北极航线，可以加强东北地区与外部市场的联系，促进东北沿海城市的国际化。东北沿海地区的进一步开发，既推动了东北地区自身的进步，又弥补了其短板，完善了我国沿海大工业区的经济布局。

（二）参与北极航线开发的建议

在参与北极航线开发的过程中，我国将逐步综合利用自身的经济实力、科技能力、外交能力和文化影响力，参与北极各领域问题的解决，深化能源合作，提高北极合作话语权，共同开发北极航运市场。

1. 深化能源合作

当前，中国作为北极理事会正式观察员，正积极加强与北极理事会"八长老"的沟通协调，扩大与其他有关国家合作，借助成熟的合作平台和机制，推动政府与社会资本之间的合作，与更多国家在北极圈开展能源合作。一是主动适应俄罗斯北极航线战略，共建"冰上丝绸之路"。中俄两国在合作理念、推进方式等方面有相似之处，应该对接北极航线，实现对欧洲的新连接，推动成为"一带一路"协同发展的行动支点。俄罗斯明确表示希望中国能参与建设北极航线基础设施项目，中俄"亚马尔液化天然气项目"成为中俄合作开发北极的标志，意义重大。① 二是重点与丹麦、挪威等北极国家合作，构建和整合双边和多边国际合作平台，利用北极理事会官方观察员地位，在能源勘探、采矿、加工贸易等环节上力争获取更大的发言权。在合作过程中，要充分考虑资源、环境、气候、市场、基础设施等方面的风险，制定中长期能源合作战略。三是加强与北极圈周边国家的合作，扩大与北极国家的"好友圈"，加强与其他国家的经济和战略对话，保持基本相同的政策主张，同时制定专门的合作计划来缓解这些国家的疑虑。②

2. 提高北极合作话语权

我国高度重视北极航线的开发和利用，所有与此相关的问题都应妥善处理。我国是联合国安理会常任理事国和北极理事会的观察员国，应积极利用自己的身份参与北极的治理。一是坚持开放、包容、合作、可持续的理念，构建共享海洋未来的共同体。中国参与北极治理的权利并非来自任何特定国家的"慷慨"，而是来自《联合国宪章》《联合国海洋法公约》《斯匹次卑尔根群岛条约》，在充分表达立场的同时，需要加强政府、企业和公众之间的沟通，让其他北极国家能够充分理解和认识这一点。北极国家和非北极国家都要秉持"平等和尊重"，摒弃"傲慢和偏见"，做好北极公共外交，推动北极治理机制建设，顺应时代发展趋势。促进和完善海上互联互通等各领域务实合作，积极搭建交流合作平台，设置北极治理合作相关议题，合作维护北极和平稳定，共享海洋未来，为构建共同体注入强劲动力。为此，中国积极参与相关国际规则和法规的讨论制定，推动北极治理体系改革完善，为北极合作框架下的北极治理提供更多内涵，让国际社会更多了解中国"一带一路"倡议的内涵，

---

① 梁昊光. 北极航道的"新平衡"：战略与对策［J］. 人民论坛·学术前沿，2018（22）：92-97.

② 罗英杰，李飞. 大国北极博弈与中国北极能源安全：兼论"冰上丝绸之路"推进路径［J］. 国际安全研究，2020（2）：91-115.

第四章　东北地区打造对外开放新前沿的新方向

了解中国在北极问题上的关切和责任，减少对中国参与开发北极航线的误解。二是继续在联合国框架内促进深化北极立法。目前，中国只是北极理事会的观察员，很难与"八长老"享有平等权益，成为正式成员还有很长的路要走，为实现这一目标，中国应积极推广北极圈概念，努力在联合国范围内解决北极国家之间的争端和立法问题，通过双边合作等方式，参与北极管理，最终实现多赢格局。三是重视保护北极生态系统，确保北极圈有序、稳定、可持续发展。中国在参与北极开发合作的过程中，特别重视生态保护问题。2013年，北极理事会通过了《北极海洋石油污染预防与应对合作协定》，是针对未来大规模开采北极资源制定的环境预防和预警措施。中国签署了《斯瓦尔巴条约》等政府间条约，应该享有条约规定的权利，有保护北极圈环境和治理北极圈的义务。为此，中国与北极国家和企业保持良好关系，开展合作，搭建北极环境治理的沟通桥梁，参加国际交流和科学研究，推动形成北极绿色发展的基本共识。

3. 共同开发北极航运市场

我国的航运公司需要在北极国家的战略框架内实施其企业战略，在科学规划、严格控制的前提下，赋予港口和企业更大的自主权，开发北极航运市场，将经济效益作为北极圈可持续发展的保障。在中俄合作方面，中俄政治关系良好、合作稳定、产业优势互补、合作意愿逐步增强，为实现能源合作提供了条件。对于俄罗斯来说，选择中国最直接的优势就是北极油气资源开发带来的市场空间和交通优势。中国企业在规模、技术、资金等方面的优势，以及中国庞大的国内油气市场，使上面所说的市场空间和交通优势得以实现。2007年6月，俄罗斯摩尔曼斯克海运有限公司下达订单，青岛即墨马斯特造船有限公司为四艘破冰船与货船的建造提供船舶设计服务和技术支持。中国航运企业正在开发具有一定防冰破冰能力的货轮，以抢先进入北极货运业务。同时，中国企业为了与北极圈内其他国家开展合作，需要根据实际情况调整战略，充分发挥优势。例如，我们在与格陵兰岛开展经济合作的同时，需要避免破坏与丹麦的友好关系。在全球化进程中，中国企业坚持多领域投资、高价值投资的原则，经济社会利益并重，通过发展旅游产业投资逐步拓展合作领域。①

二、对接俄罗斯远东开发战略

我国东北地区与俄罗斯远东地区毗邻而居，东北振兴战略与俄罗斯远东开发战略几乎在同一时间推出，两地在经济发展需求、发展阶段、资源禀赋等方面高度契合，如何将俄罗斯远东开发与东北振兴结合起来，一直是双方关注的重点。在《中华人民共和国东北地区与俄罗斯联邦远东及东西伯利亚地区合作规划纲要（2009—2018年）》的指导下，中国东北地区与俄罗斯远东地区之间的合作已由利益导向的优势互补转向了协同发展的战略对接阶段。

（一）对接成效

目前，《中俄在俄罗斯远东地区合作发展规划（2018—2024年）》正在实施推进中，战略对接成效已初步显现，集中体现在以下几个方面。

1. 基础设施建设得到明显改善

在中俄合作规划纲要所涉及的项目中，以基础设施建设居多，因此战略对接的成效在基础设施领域表现明显。截至目前，在对俄交通物流构建上，东北地区已经形成以铁路、公路、航运有机结合的跨境交通物流体系。

黑龙江省提出了构建龙江丝路带，以省会城市哈尔滨作为线路中心，同时以四条干线包括哈黑绥满（哈尔滨、黑河、绥芬河以及满洲里）、大哈（大连和哈尔滨）、佳同（佳木斯和同江）以及沿边铁路为主要的骨架，这些干线和俄罗斯的主要干线（贝阿和西伯利亚铁路）相互连通，同时辅助于周围的航空、水运、公路以及电网等线路，建设以陆海联运通道、铁路通道、水运通道、航空通道等为主体，与亚欧的国际货物运输大通道相连接。吉林省借助朝鲜罗津港、俄罗斯扎鲁比诺港打通出海口，全力推进长吉图一体化，建设长春—吉林—珲春的物流大通道，构成了我国东北地区的第二条大的出海物流通道。辽宁省进一步推进建设

---

① 李振福. 中国的北极航线机会和威胁分析［J］. 水运工程，2009（8）：7-11.

"辽满欧""辽海欧"等运输通道，辽满欧通道是依托海运、铁路运输、公路运输等多种渠道的综合交通物流通道，"辽海欧"海运物流通道以大连港为起点，沿途经过白令海峡，从挪威北角地区直达欧洲的多个港口。

2. 双边贸易联系日益紧密

国际贸易是国家和区域间经济联系的基本纽带，是战略对接成效最为显著的体现。作为中俄两国经济联系的主要方式，中国东北与俄罗斯远东地区的区域经济合作，很大程度上也是依托于贸易展开的。

21世纪以来，随着中国加入WTO，对外开放程度更高，黑龙江省对俄贸易也进入了快速发展时期，多年来保持增长态势。2009年受国际金融危机影响，出现大幅度下滑，乌克兰危机再次冲击了黑龙江省的对俄贸易，直至2017年，才恢复到了国际金融危机发生前的水平。吉林省对俄口岸及基础设施和环境日趋完善，通过不断深化双方的经济合作，日益加强人文交流，与俄关系也逐渐变得紧密。辽宁省在开展对俄贸易中，始终处于极其关键的位置。从贸易结构来看，出口的商品主要有以下几种：水海产品、纺织服装、机电产品以及钢材等，其中水海产品、机电产品以及钢材的增长态势明显，进口的产品结构并没有发生很大的改变，主要是矿产品、木材以及水海产品。

《中华人民共和国东北地区与俄罗斯联邦远东及东西伯利亚地区合作规划纲要（2009—2018年）》的出台，标志中国东北地区与俄罗斯远东地区已经进入战略对接下的全新发展时期，双边贸易更加紧密。虽然双边贸易得到长足发展，但长期以来，欧盟始终是俄罗斯整个国家的经济发展重心，因此开展与亚太经济合作一直处于俄罗斯经济发展规划中相对次要的位置，随着乌克兰危机的爆发，这一情形开始扭转。2018年中俄两国贸易额突破1000亿美元大关，双边政治经济关系都实现质的转变，当年俄罗斯远东地区与中国贸易额为97亿美元，同比增长27.6%。2018年，《中俄在俄罗斯远东地区合作发展规划（2018—2024年）》正式出台，标志着双方的经贸合作已经进入全新发展时期。

3. 能源领域实现良性互动

中俄两国在能源领域的巨大互补性不仅为其在能源领域的合作奠定了坚实的基础，而且使中俄在能源领域的合作成为两国合作中的关键一环。一直以来，欧洲都是俄罗斯油气的主要出口市场，随着乌克兰危机的爆发，俄罗斯将其合作重点转向亚洲，实行了"向东看"战略。亚洲特别是中国以其与俄罗斯在经济发展和能源结构上的互补性，逐渐成为俄罗斯能源外交的实施重点，俄罗斯要在亚太地区获得利益最大化，势必将能源战略重点向东北亚地区倾斜。中俄两国油气供需具有互补性，俄需要以石油振兴经济，而中国渴望油气以满足经济发展的需求，中俄两国加强能源合作具有良好的基础。因此，在俄罗斯能源外交中，与中国的合作占据了非常重要的位置。

4. 农业合作成为重要引擎

我国东北地区与俄罗斯远东地区毗邻而居，具有优越的地缘优势，东北地区生态环境较好，具有开展绿色农业、生态农业的基础。俄罗斯在农业科技方面处于世界领先地位，双方依托良好的自然环境和技术优势，在农产品贸易、农业投资以及技术交流等多个不同领域展开农业贸易合作。

对于俄罗斯远东地区而言，其一直以来都深受自然条件的约束，因此其农产品也一直是很缺乏的，远东地区农业产量低，其农产品通常依赖于进口。在其进口地选择上，俄罗斯境内的西部地区农业相对发达，但与远东相距较远，运输成本太大；与之毗邻的东北亚区域内的其他国家，日本、韩国等国都相对属于资源稀缺型，不具备与远东地区开展农业合作的优势。基于此，与之毗邻的中国东北地区成为其农业合作的首选，东北地区土地资源丰富，是我国主要的粮食生产基地，农产品极其丰富，同时农产品的价格与其他区域相比也具有很大竞争性，基于以上，东北地区成为俄罗斯远东地区农业供给的主要区域。

5. 资金融通取得显著进展

2018年6月中俄两国元首共同签署的《中华人民共和国和俄罗斯联邦联合声明》中表明："中俄双方将继续加强金融领域的合作，提高本国货币在贸易和投融资领域的比重，并在支付系统、保险等领域开展合作；推动两国在新开发银行和亚洲基础设施投资银行等多边开发机构中的密切合作，为两国的基础设施和现代化建设提供资金。"

截至目前，国有四大商业银行以及国家开发银行、进出口银行均在俄罗斯境内设立代表处，而且俄罗斯同业银行和我国的5家国有商业银行均建立了相应的代理行关系，双边金融往来越来越紧密，中国已经成为俄罗斯资金的主要贷出国。俄罗斯进行借贷款的第一优选国已然变成中国。近年来，中俄金融合作发展迅速，两国的合作范围也在持续扩大，并且合作方式保持着持续创新，同时合作层次在不断提升，尤其是在本币结算、跨境融资、合作机制、银联卡支付等方面取得了重要进展。

通过不断加快推动战略的实施进程，两国的金融合作也变得日趋频繁。黑龙江省在与俄罗斯的金融业务中取得了优异的成绩，其金融业务规模和业务范围都在不断扩大。到2015年，黑龙江省累计共有12家商业银行与俄方签订了代理行的协定，代理行账户高达119个；并且双边不断拓宽金融业务的范围，从而金融业务额也日趋上升，其对俄货币兑换业务金额共计高达60.81亿元，增速明显。借助有利的地理位置，黑龙江省对俄金融业务迅猛发展，其主要原因如下：首先，货币兑换业务发展快速。由于东北地区不断发展对俄贸易，这样也就导致了双边货币兑换需求量不断扩大。2007年，哈尔滨银行与中国银行（黑河分行）根据当地经济发展情况率先实行了双边货币兑换业务。如今，实行双边现钞兑换业务的地区已扩展到绥芬河等对俄贸易城市，早已不再局限于哈尔滨和黑河。其次，是对俄直接投融资。在俄境内注册的企业康吉国际工贸公司曾在2009年四季度向哈尔滨银行申请了900万元人民币的贷款，并且顺利投放，这是黑龙江省商业银行第一次对在俄企业发放贷款，也是从无到有的重要突破。第三，不断扩展人民币卢布交易平台，哈尔滨银行不断积极探索对俄金融业务，2011年9月，哈尔滨银行成为第一家开始对外公布中俄货币双边牌价的银行；2012年3月，哈尔滨银行与黑龙江省工商银行共同签订了"交易操作与流程规定"和"人民币与卢布交易协议"等有关实施文件，完满解决了货币交易中的不规范问题。

（二）强化战略对接的机遇

1. 俄罗斯"向东看"战略机遇

俄罗斯位于欧洲东部和亚欧大陆的北部，其经济、政治和文化的重心均在欧洲，但大部分领土和资源却在亚洲。长期以来，欧盟一直都是俄罗斯的经济重心，而亚太则是其经济合作的次要地区。2013年乌克兰爆发危机以后，俄罗斯果断将克里米亚收了回来，因此西方国家对俄罗斯开始进行经济制裁，俄罗斯与西方国家的关系恶化，国际石油价格下跌，卢布不断贬值，其国内生产总值出现负增长，经济发展状况不容乐观。于是，俄罗斯逐步将经济战略东移，2014年10月，俄总统普京曾强调必须加强和中国、金砖国家、拉美国家以及亚太地区国家的友好合作，尤其是转向中国之后与中国签订能源大单，加强在军事、贸易、交通、军工、人文等领域的合作。由此根据俄罗斯面临的国际和国内环境分析，一方面，亚太地区拥有使其成为经济中心的发展条件；另一方面，俄罗斯"向东看"战略的实施也是为了缓解俄欧紧张的经济关系。俄罗斯战略方向的转变，不管是对中国和俄罗斯之间的经济务实合作，还是我国建设"一带一路"，或者是东北振兴与远东开发的战略对接来说都是可贵的契机。随着中俄区域经济交往日益频繁，两国经贸合作伙伴关系日益深入，区域经济一体化和贸易便利化的进程日益加快，并且中俄在基础设施、能源建设等很多方面都不断进行深入交流与合作，这些都彰显出了中国特别是与远东毗邻的东北地区已经成为俄罗斯在"向东看"战略实施过程中首选的合作对象。可以说，俄罗斯经济重心的东移为东北振兴与远东开发这两大战略的对接提供了战略机遇。

2. 黑龙江自贸区建设提供的发展机遇

2019年6月5日，中俄正式成为"新时代全面战略协作伙伴关系"，同年8月，国务院批准了中国（黑龙江）自由贸易试验区（可简称为"自贸区"）的设立，该项举措大大促进了黑龙江省全方位以及全面的振兴，也将推动深化俄罗斯远东地区和中国黑龙江省之间的产业合作，同时进一步加强了在向北开放战略中黑龙江省的枢纽作用。自贸区的本质在于建设开放型经济新体制，这是以习近平同志为核心的党中央治国理政新理念的一个重要内容。黑龙江自贸区的建设应当紧紧围绕国家战略，积极改革创新体制，提升对外开放程度，不断防范风险。通过一系列具体实践为国家战略的推进做出探索，提供经验，揭示内在规律。黑龙江自贸区是基于跨境资源与能源、旅游康养以及绿色食品等多个产业的综合布局，整合区域资源，发挥地缘优势的同时打造其东北亚区域的开放前沿。

中国（黑龙江）自由贸易试验区的核心任务是推动我国东北地区全方位以及全面振兴，并将其打造成东北亚区域的开放前沿，致力于产业结构的调整，发挥其东北亚合作的窗口优势。中国（黑龙江）自由贸易试验区在加快转变政府职能、深化投资领域改革、推动贸易转型升级、深化金融领域开放创新、培育东北振兴发展新动能、建设以对俄罗斯及东北亚为重点的开放合作高地等方面,应当充分发挥自身区位优势,完成对俄开放的先行先试工作。在全球经济遭受新冠肺炎疫情严重冲击,美国持续围堵打压我国经济发展、阻挠我国崛起的情况下,加强与俄罗斯及东北亚各国的区域合作,携手广大发展中国家共同建立经济新秩序,是我国应对国内外形势变化的关键所在。在这种大环境下,建立与发展黑龙江自贸区不仅对我国东北振兴和俄罗斯远东地区开发的战略对接发挥了关键作用,而且为这两大战略对接创造了有利条件。

3. 高峰合作论坛定期举办的平台机遇

随着中俄区域合作的不断深化,中俄两国也举办了一系列高峰合作论坛,这些合作论坛的定期举办,为两大战略的进一步协同提供重要平台。从国家层面来看,"一带一路"国际合作高峰论坛已经成功举办两届,俄罗斯受邀参与了两次论坛,并取得了一系列成果。中方针对"一带一路"建设提出二十六项合作倡议,其中俄罗斯都涉及其中;中国还与俄罗斯、白俄罗斯等7国就铁路运输合作签署了《中欧班列运输联合工作组议事规则》;在金融合作方面,中国与俄罗斯开展国际铁路联运"一单制"金融结算融资规则试点。此外,中俄在高峰论坛搭建的多边合作平台也展开了合作。

除此之外,由俄方主办的东方经济论坛截至2022年5月已经成功举办六届。该论坛旨在促进俄远东地区经济发展以及为亚太地区合作发展搭建平台。2015年9月3—5日,首届东方经济论坛在俄罗斯符拉迪沃斯托克市(海参崴)远东联邦大学举行,俄总统普京出席论坛全会,中国国务院副总理汪洋率团参会并同普京总统举行会谈,共有约150家中国企业参会,双方就能源、交通、金融等领域开展了交流。2016年9月2—3日,第二届东方经济论坛举办期间总计签署了216项投资协议,总值超过1.8千亿卢布,并举行了5次国家间的对话,中国代表团有227人参加。2017年9月6—7日,第三届东方经济论坛在俄罗斯符拉迪沃斯托克市(海参崴)成功举行,全国政协主席汪洋率团出席此次论坛。2018年9月11—13日第四届东方经济论坛在俄罗斯符拉迪沃斯托克市(海参崴)举办,国家主席习近平出席此次论坛,在本届论坛上,中俄双方领导人的直接会晤、地区代表团的接洽以及包括能源、农业、金融等领域的进一步深化合作，为未来中俄关系尤其是经贸关系开辟了新的空间。中俄两国之间高峰合作论坛的常态化举办无疑为两大战略的对接搭建了重要交流合作平台。

4. "一带一路"推动的区域合作机遇

从国家发展战略上看，中国提出的是"一带一路"倡议，俄罗斯发起的是"欧亚经济联盟"设想。2013年，中国国家主席习近平提出了"一带一路"倡议，这是属于国家级顶层合作倡议，其目的是借用"古代丝绸之路"这一历史符号，高举和平发展的旗帜，积极与"一带一路"相关国家建立友好的经济合作伙伴关系；1994年，哈萨克斯坦总统提出了"欧亚经济联盟"的设想，由俄罗斯总统普京发起，这是包括白俄罗斯、俄罗斯、亚美尼亚、哈萨克斯坦以及吉尔吉斯斯坦在内的国际区域经济一体化组织，通过建立超国家联盟的方式，重新整合俄罗斯在东亚的经济空间，从而深入与其盟国间的政治、经济合作。中俄两大战略虽然都是以各自的国家利益为出发点，两国之间虽然有竞争，但却不是敌人，因此双方是可以进行友好合作的，如果可以积极化解合作过程中的消极影响，齐心协力共同发展，它将会给中俄两国创造出巨大的战略价值，实现合作共赢。东北地区与远东地区作为"一带一盟"对接的重要区域，将会进一步深化双边经贸合作，从中俄双边关系上看，"带盟对接"将会给中俄全面协同发展创造更大的合作空间，可以实现利益最大化，而从世界经济发展上看，中俄跨境区域的经济发展也将会为整个亚洲以及世界做出不可忽视的贡献。在此基础上，2015年5月，中俄两国为了更好地服务于战略对接工作，共同发布了关于推动"一带一盟"的官方说明。

第五章 东北地区打造对外开放新前沿的新抓手

在国家现有重大区域发展布局的指导下，依托跨境区域合作交流平台，东北地区既要承担历史使命，也要抓住机遇，补足发展短板，出台具体政策措施，支持深度融入"一带一路"建设，在东、西、南、北四个方向拓展国际空间，形成一批极具代表性的实力项目，并将其打造成对外开放新前沿的新抓手。

第一节 推进大连自由贸易港建设

2017年4月10日，中国（辽宁）自由贸易试验区大连片区正式挂牌运营，这意味着大连地区正式进入自由贸易发展的新时代。在国家自贸试验区战略深入推进的大背景下，大连已成为我国北部沿海重要外贸港口城市和东北地区开放发展的先行者和重点城市。大连市因其历史地位和现实条件，在我国的自由贸易战略结构中有着特殊的区位优势和战略地位。通过大连自由贸易港建设，形成带动东北腹地发展的龙头，对完善我国对外开放战略，推进东北振兴具有重要战略价值。

（一）建设大连自由贸易港的优势

近年来，自由贸易港建设成为世界对外贸易的主流形式，成为提升国家整体经济实力、构建全球利益共同体的重要手段。党的十九大报告指出，"赋予自由贸易试验区更大改革自主权，探索建设自由贸易港"。

在海南全岛建设的自由贸易试验区和中国特色自由贸易港已于 2020 年 6 月正式挂牌，这将不断探索和推动中国经济高水平发展，推动全面开放。大连作为中国（辽宁）自由贸易试验区的核心区域，区位优势、交通便捷、产业基础雄厚、政策叠加优势更为突出。大连可以融入东北亚和更广阔的国际市场，积极参与经济全球化发展和开放型经济建设，推进辽宁与东北地区融入"一带一路"建设。

1. 区位优势

从宏观的地理位置看，大连地处欧亚大陆东岸，西北太平洋中心，毗邻蒙古、俄罗斯、朝鲜、韩国和日本，是通往太平洋的门户，地处黄海和渤海之间，背靠东北平原腹地和内蒙古辽阔草原，面朝大海，是我国东北地区最重要的枢纽港口城市。可以说，大连自由贸易港建设既有区位优势，又有历史基础。改革开放以来，大连率先推进港口转型改革，以港口物流经济为纽带，摆脱计划经济的历史包袱，思维超前，大胆创新，努力建设国际化港口，形成依托辽宁省，服务东北，辐射东北亚的航运中心。在新的历史阶段，大连要承担起历史使命，以新的时代面貌站上国际舞台，为振兴东北老工业基地注入强大动力。

2. 交通便捷

大连作为东北地区对外开放的窗口，交通基础设施完善，一体化程度高，港口、机场、高铁、高速公路等多样化的立体交通网络已具备相当规模。大连港拥有广阔的经济腹地和优良的交通资源，水域面积 346 平方千米，核心港区面积 18 平方千米，可停泊 15 万吨级邮轮，具备世界一流的集疏运条件，拥有国内效率最高、实力最强的原油码头和矿石码头。大连港新港拥有中国最大的储罐储量，与 160 多个国家和地区的 300 多个港口建立了运输关系，是中国主要的集装箱海运铁路综合港口之一。从现有的交通条件来看，大连港是周边重要的交通枢纽，具备建设自由贸易港的硬件要求。由于信息时代的不断发展和影响，大连港以"数字经济"为导向，园区、港口、港区信息化水平显著提升。为了建设作为东北四大机场之一的大连周水子机场共耗资 28 亿美元，拥有国内外航线

146 条。2018 年，航空运输旅客吞吐量 1876 万人次，起降 14.6 万人次。① 目前，全球最大的海上人工岛机场大连金州湾国际机场正在加速建设中，建成后将成为东北经济增长的新动力。大连的铁路干线包括沈大铁路、丹大高铁和哈大高铁，环渤海高铁已获国务院批准实现高速化，能够高效对接全国陆海运输。近年来，随着东北全面振兴战略的不断深入和"一带一路"建设的深入推进，大连综合运输体系进一步发展，极大地促进了区域经济的发展。依托完善的综合联运体系，大连自由贸易港建设将站上更高的起点。

3. 产业基础雄厚

大连是我国第一批工业化城市，产业结构越来越优化，经济更具韧性。除了石化、造船、机械加工三大支柱产业的优势更加明显外，2017年第三产业首次占比更高，经济结构发生历史性转变。石化产业作为大连的支柱产业，更是纳入了民营企业的参与；造船业的规模、综合性和实力都是国内首屈一指的优势产业；机械设计制造能力也是一流的，大连冰川集团一直保持行业领先地位，大连机床集团的公司规模、技术水平、制造能力均居全国前列。大连工业基础雄厚，为加快发展商贸、金融保险、旅游服务等第三产业提供了技术和装备支撑，为大连自由贸易港建设奠定了稳固的基础。

4. 政策叠加优势

在国家政策的引导下，大连自由贸易港建设正在逐步加快。1984 年，第一个国家级开发区——大连经济技术开发区成立。1992 年 5 月，国务院批准设立大连保税区，经过 30 年的建设，大连保税区已成为我国政策福利最多、对外开放程度最高的综合性口岸之一。大连以优势工业基础为支撑，发展交通运输业，推进智慧物流建设，形成与国际贸易相匹配的信息管理、工业加工、进出口贸易、物流配送等高端增值服务功能。2006 年 8 月，大窑湾保税港区正式成立，实施保税、免税等多项优惠政策，创新开展全国首家平行进口汽车"转口+保税增值"业务，金融交易活跃，凭借宽松的政策体系、良好的商业信用和有力的政策优势，正在

---

① 栾泽，刘先雨. 拟建大连自由贸易港的现实困境与对策研究 [J]. 商讯，2018（18）：20-21.

吸引超过 2000 家外国公司投资兴业；2020 年 9 月，国务院批复大连大窑湾保税港区转换升级为大连大窑湾综合保税区。目前，大连有两大综合保税区，作为国家开放金融、贸易、投资、服务、物流等领域的先行区和实验区，正在汇聚建设大连自由贸易港的更大力量。2015 年 8 月，中国第十个国家级新区——大连金普新区成立，工业经济自成立以来一直处于高位运行，金融服务中心逐步成熟，智慧新区建设步伐加快，航空物流园区水平日益提升，2018 年成功入选全国百强工业区之一。① 自中国（辽宁）自由贸易试验区大连片区正式成立以来，在多项国家战略的支持下，自贸区将建成新兴产业聚集、金融服务便捷、交通物流功能强大、绿色发展的试验区。在推进自由贸易港建设的进程中，辽宁省以及大连市各级部门全面启动政策调研和申报工作，实施方案、行动计划等各项工作正在有条不紊地进行中。

（二）建设大连自由贸易港的价值

建设自由贸易港是促进我国更高水平开放的战略选择，是加快完善社会主义市场经济体制的时代要求。大连自由贸易港的建设，将有利于进一步推进东北地区融入"一带一路"建设，提高东北地区对外开放水平，促进东北地区与沿线国家的贸易交流和经济增长，带动和辐射东北广大腹地经济发展，促进产业结构转型升级。

1. 加强与沿线国家经贸联系

当前，国际新冠肺炎疫情形势不容乐观，经济下行风险加大，全球贸易紧张局势加剧，不确定性和不稳定性因素明显增加。外部的恶劣环境，推动我国经济发展走向国际国内双循环，强调构建以国内大循环为主体、国内国际双循环相互促进的新发展格局。自由贸易港的建设将推动国际间的合理分工，让世界各国充分发挥比较优势，避免出现垄断而造成的经济效益下降，为全球经济增长提供动力。对我国而言，自由贸易港将成为中国市场经济不断成熟的推动力，与"一带一路"倡议有共同之处，可以相互促进。"一带一路"可以拉动内需，扩大出口，促进自

---

① 王进，杨继涛. 辽宁自贸试验区与大连自由贸易港协同发展研究［J］. 改革与开放，2020（9）：1-4.

由贸易港建设;对外开放使我国在国际分工中处于更加有利的地位,自贸港建设充分利用了大连的独特区位优势,以及"一带一路"沿线国家和地区的集中要素,强大的经济辐射能力和产业纽带是实现这一功能的关键。

自从提出"一带一路"倡议以来,大连与沿线国家的贸易往来日益深入,越来越多的企业逐步开展对外出口,对外贸易关系日益密切。2017年大连与亚洲国家的贸易额仍占据较大份额,达到57.61%,新兴市场增长显著,与非洲和大洋洲的贸易额年均增长67.55%和59.49%。① 通过自由贸易港建设,降低经营成本、节约社会资源,同时最大限度地发挥独特要素的优势,优化资源配置。同时,自由贸易港的投资环境十分开放,促进了资本、技术等高端生产要素的积累,从而促进经济发展,推动供给侧结构性改革。推动民企深度融入"一带一路"建设,助力振兴腹地经济。在现有保税物流园区、高新技术开发区和贸易出口加工区的基础上,大连自由贸易港的建设将进一步促进大连服务业等新兴产业的发展;自由贸易港开放的政策环境非常有利于吸纳国际高端人才,吸引"一带一路"沿线国家的技术人才加入创业。

2. 发挥辐射功能

东北地区历史上形成的以钢铁、化工、煤炭等重工业为主的产业结构,矿产、森林、土地等自然资源丰富,市场经济体制的深入给这种产业结构带来了产能过剩、产业老龄化、部分资源枯竭的现象,造成了东北经济停滞不前。改革开放以来,大连经济在国家重大政策的支持和得天独厚的区位优势下快速发展,综合经济实力始终位居东北主要城市之首。在国际贸易方面,大连发展最快,由于对外开放基础良好,国际化程度最高,商品进出口总额远超其他城市。随着"一带一路"建设的不断深入推进,近年来大连几乎一半的收入来自东北地区的货物进出口,可见大连经济发展对解决东北地区产业失衡和体制僵化问题具有很强的带动作用。伴随着国家解决东北经济衰退问题的坚定决心和政策支持,自由贸易港建设将放大这种带动和辐射效应,从而进一步扩大东北地区

---

① 王谢勇,柴激扬,孙毅."一带一路"战略下大连发展策略研究[J]. 经济研究参考,2015(31):51-56.

的对外开放，促进东北地区新兴产业的成熟，并形成新的优势，进而促进东北地区经济的高质量发展。①

3. 促进产业结构转型升级

改革开放以来，经过不断努力，大连产业结构不断转型升级，二三产业的发展共同促进了经济增长，2014年，全市第三产业首次超过第二产业，占比48.4%，成为第一大产业，但大连的产业结构还存在不少问题。② 比如，虽然第二产业比重较大，有不少大型化工和机械制造集团领先全国，但整体实力仍远落后于北京、上海、广州等一线城市，以及沿海发达城市；第三产业发展较快，但基础薄弱、发展周期短、环境欠缺，竞争力较弱，产业整体发展水平低于东南沿海发达城市。自贸试验区、保税港区、经济技术开发区、物流园区的密集布局，已经为大连经济提质增效开辟了空间框架。自由贸易港的建立将把这些有机结合起来，让大连跳出以重工业为重心的老路，在企业组织、技术、供求、产业、市场格局上完成逐步转型。大连自由贸易港的建设，将实施更多的开放政策，创造更好的营商环境，同时吸引更多的高新技术企业，以现代产业体系为主攻方向和空间布局，实现各产业园区和贸易试验区的创新效应、成本效应和外部经济效应，建成服务功能和辐射能力强的国际贸易枢纽，增强城市竞争力，树立现代国际化形象。

（三）建设大连自由贸易港的建议

大连建设自由贸易港需要根据发展现状，结合大连的产业特点，明确建设重点、功能定位，保障高质量建设。

1. 明确建设重点

在发展理念上，坚持开放型经济发展之路。以外贸为主的经济发展方式要融入全球分工体系，即以出口扩张为主，而开放型经济发展是将以出口为导向转变为进出口并重的发展方式，各国在经贸领域都是独立

---

① 刘家国，韩宇. 大连自由贸易港建设：意义、路径和模式［J］. 大连海事大学学报（社会科学版），2019（3）：50-59.

② 王谢勇，柴激扬，孙毅. "一带一路"战略下大连发展策略研究［J］. 经济研究参考，2015（31）：51-56.

的,倡导国际竞争与合作,在贸易领域既存在相互竞争,也要共同应对金融危机等全球性问题。大连自由贸易港建设需要充分认识到转变为开放型经济发展模式的重要性,将区域经济与国际市场、国际投资接轨,实现自由贸易和资源的最佳配置。今天,国际贸易市场竞争形势日趋激烈,大连更需要明确战略定位,坚持国际高标准,打造较强的国际市场竞争力,利用自身得天独厚的区位优势、发达的交通网络、辽阔的腹地支撑,出台相应的开放政策,创新多样化的贸易形式,面向国家战略需要和国际市场的需求,明确重点建设任务,打造与国际贸易标准一致的货物开放、资金开放、人力资源开放的自由贸易港。①

依托现有运输物流条件,整合软硬件优势。大连地区通过发展海运、陆运、空运等多种联运方式,不断完善物流通道和物流节点建设,形成了较为完善的交通网络,具有较强的物流能力,为大连自由贸易港的运输奠定了基础。当下,大连保税区已形成以国际物流为核心的港口物流体系和保税物流体系,在国内率先推出"企业登记确认制"以及"24小时网上审批服务",为区内企业创造了非常便利的成长环境。大连保税物流园区和航运物流企业通过实现物流信息畅通、物流资源整合,提高协同作业水平,物流渠道逐步完善,仓储中转设施水平明显提高。大连自由贸易港建设将切实借助大连港和大窑湾独特的口岸区位,实施区域口岸合作战略,以保税物流园区作为国际贸易市场的支撑和抓手,完善运输政策体系,深化不同运输方式间的协调与合作,不断增强功能区进出口贸易的主体地位,按照国际一流标准打造一站式外贸服务,降低外贸成本,提高外贸效率,发挥大连在交通等软硬件方面的外贸优势。

以生产加工贸易为基础,不断提高大连出口加工区产业附加值和辐射效应。2000年,大连出口加工区在金州区正式挂牌成立,取得了多项技术和行政上的突破。目前,区内有12家企业自主从事加工业务,打破了此前区内企业只能从事海外加工业务的限制,有助于提高生产效率和产品国际市场竞争力。随着体制创新的不断深入,出口加工区依托国内资源,面向国外市场,实现国内国际双循环,获得发展新动能。目前,

---

① 刘家国,韩宇.大连自由贸易港建设:意义、路径和模式[J].大连海事大学学报(社会科学版),2019(3):50-59.

大连进出口产品8大门类130多种呈现稳步增长趋势。未来，加工贸易将会被作为大连自由贸易港建设发展的基础，并且要在稳定发展、保持优势的同时，重点发展旅游业和现代服务业，不断提升产品技术含量，增加产业附加值。

以科技金融融合共生为导向，为大连高新区发展提供持续动力。大连高新区成立30多年来，以发展高新技术产业为导向，引进多家国内外科技公司落户，成长为以科技产业为基础的创业型高新区。目前，大连高新区拥有高校11所，科研院所40余家，国有大中型骨干企业15家，高新技术企业2700多家，已经成为大连乃至辽宁最火的高新技术产业园区。① 近年来，大连的科技产业主要集中在软件和服务外包上，依托丰富的人力资源和良好的扶持政策，不断稳定地增长区域经济。作为辽宁省对外开放程度最高、政策支持力度最大的沿海城市，大连在对外开放的过程中逐步确立了区域性金融中心的地位和功能。改革开放40多年来，大连金融业的制度体系更加完善，金融体系更加开放，已成为大连现代服务业的高端产业。大连自贸港建设应以政府相关政策为导向，帮助高新技术产业达到更高开放水平，同时完善资本市场服务体系和金融服务，实现金融与科技的深度融合，推动科技治理体系和治理能力现代化，以优质科技创新支撑自贸港的发展。

2. 明确功能定位

参考国内自贸港建设的相关政策，结合大连对外贸易的形势和趋势，大连自贸港的功能定位是东北亚综合生产加工贸易中心、东北亚国际海运与物流中心、高新技术产业进出口基地、现代金融服务中心。结合功能定位，明确贸易模式，创新监管机制，使自由贸易港与城市融合发展。

第一，构建以生产加工贸易为核心，以物流转运、金融服务、产品展示为重点的贸易模式。大连自由贸易港建设将围绕目标定位，充分展示东北外贸核心区特色，打造以国际生产加工贸易和中转转运为主的贸易模式，突出金融服务、产品展示功能。通过国际产业转移，发展国际生产加工贸易，发挥大连腹地广阔的基础优势和制造业发展潜力，是大

---

① 王谢勇，柴激扬，孙毅. "一带一路"战略下大连发展策略研究［J］. 经济研究参考，2015（31）：51-56.

连自由贸易港的基础优势。大连自由贸易港的贸易模式和建设重点是全面建设集货物生产、加工、转运、卸货、仓储、展览等业务功能于一体的自由贸易港,增强自由贸易港开放水平和区域综合竞争力,形成定位明确、模式清晰、分工有序的发展模式。

第二,创新监管模式。开放的发展道路并不意味着政府完全不会干预市场机制,政府需要及时调控,避免市场出现失控、混乱的局面,充分释放民间资本的活跃度和市场的稳定。大连自由贸易港建设必须采取"民办官助"的监管模式。"民办"是指政府提供少量资金,发挥示范带头作用,在后续的建设过程中,政府不参与企业的设计和管理,企业直接按照市场规则自由发展;"官助"是指政府在企业自然发展的情况下创造合法规范的营商环境,制定风险投资和税收优惠政策,完善退出机制,提供公共服务,保障企业健康有序发展。将"民办"和"官助"有机地结合起来,实现了高新技术产业建设前规划程序手续少、程序快、成本低的目标。在清晰产权的基础上,企业在应对激烈的市场自由竞争的过程中不断保持着高水平的活力。同时,构建扶持企业发展的软环境,在同行业或园区内产生持续的磁石效应,鼓励其他具有创新能力和投产意愿的企业,有助于园区规模发展壮大、产业集聚和维护市场经济运行良好。

第三,港城融合发展。建设大连自由贸易港不应局限在大连港、大窑湾等功能区,而应在拉动城市和区域经济发展的基础上,努力做大港口城市。① 按照自由贸易港模式,布局航空、航运枢纽、邮轮旅游等多元基础设施,布局5G、人工智能和工业互联网等新型基础设施,关注自由贸易港的高科技产业布局。从城市建设发展以及交通运输入手,兼顾土地利用效率。结合区域空间布局,确保港口建设政策与城市实际需求相匹配,优化港口和城市的布局结构,提升城市服务功能。利用保税区的优先政策、开放功能、储运经验和便利条件,优化片区产业结构,以科技为主线发展模式,实现高质量发展。充分发挥现有自贸区的优势,以自贸区和物流园区建设为试点,实现自由贸易区与城区的对接,实现口

---

① 刘家国,韩宇. 大连自由贸易港建设:意义、路径和模式[J]. 大连海事大学学报(社会科学版),2019(3):50-59.

岸与城区的融合。

3. 保障高质量建设

大连已逐步被确立为全国综合交通运输体系的重要地位，但距离成为真正的自由贸易港还有一定的距离。这主要体现在经商成本高、资源流动与海关限制之间的矛盾进一步加剧；公共服务质量和管控水平亟待提高；满足建设自由贸易港要求的国际化人才缺乏。

一是加快支撑体系改革，转变风险管理理念，减少政府职能部门，减少贸易壁垒，降低贸易成本，进一步开放市场，减少出口限制，保障货物和资金进出自由。从关税减免的角度，设定关税和其他国内税收逐步减免：对于在自由贸易港具有较强国际竞争力的产品逐步取消关税，因为它们有能力抵御海外同质产品的影响；对出口量不大，主要是针对域内或者国内销售的产品，应根据具体情况确定，如果完全取消关税，有可能发生倾销，因此应该逐步降低关税。政府负责支持自由贸易港产业规划和功能目标的制定，提供服务保障渠道。依法对区内企业进行检查，以企业仓库为监管点，提高工作效率。同时杜绝口岸免税品擅自进入非口岸区域的物流和资金流向，不能干扰其他区域的作业，提高和加强海关管理水平，严厉打击跨境套利、非法资金外流等行为。

二是要努力提高政府公共服务和管理质量。为了提供优质高效的公共服务，原有的政府监管方式需要进行重大调整。行业许可证从目前的申领许可制度转变为备案制，实现更高水平的要素高效流动。为保障自贸港建设顺利进行，大连政府部门需要完善自贸区相关立法，提升自贸区管理水平。例如，自由贸易港对基础设施的要求比较高，必须配备大量的运输工具，同时要具备高效的指挥管理系统和技术水平。高效的管理可以简化货物配送程序，降低操作压力，加快港区货物配送速度，减少货物在港区滞留时间，降低清关和运输成本。

三是吸引和积极培养自由贸易港建设和管理人才。大连应将培养高素质人才作为提高自由贸易港国际竞争力的重要手段，吸引和培养具有良好学术背景、个人素质、国际视野、熟悉外贸流程和金融业务的高端复合型人才参与到港口建设和管理中。① 在此基础上，应在资金和政策上支持教育机构，重点发展职业教育。建设自由贸易港，需要精准输送急需的国际高素质人才，培养建设自由贸易港所需的进出口贸易业务专业操作人员、电子商务物流人才等。

第二节　重点打造满洲里口岸

满洲里位于内蒙古东北部，由于毗邻俄罗斯和蒙古国，历史上就一直是亚欧交流的重要口岸。"一带一路"倡议启动以来，满洲里通过增加国际班列班次、加强跨境交流与合作等方式，成为我国南接内陆，北联俄蒙，直通欧洲的重要支点。对于东北地区的对外开放而言，通过满洲里连通中蒙俄经济走廊，是融入"一带一路"，打通蒙古国、连接俄罗斯和欧洲的必经之路。梳理满洲里开放发展的演变过程，分析当前存在的主要问题，才能更好地建设和发展满洲里口岸。

（一）满洲里口岸的历史演变

满洲里长期以来主要与俄罗斯进行贸易往来，但由于中俄关系的变化，从早期的被迫开放到如今的积极主动开放，这段历史可区分为四个阶段。

1. 早期的被迫开放

清朝雍正年间，清政府与沙俄政府签订的《中俄布连斯奇界约》和《中俄恰克图界约》，不仅丧失了大片国土，也开启了中俄边境贸易，此后1858年的《瑷珲条约》、1860年的《北京条约》、1864年的《中俄勘分西北界约记》、1881年的《中俄改订条约》，不仅继续丧失大片领土，对于贸易也做出了细致规定。甲午战争后，《中俄御敌互相援助条约》规定，清政府和沙俄政府共同修建中东铁路，在满洲里建站，此后满洲里逐渐成为一个重要的口岸城市，大规模建设、人员和货物的密集交流，

---

① 栾泽，刘先雨. 拟建大连自由贸易港的现实困境与对策研究[J]. 商讯，2018（18）：20-21.

使满洲里出现了短暂的繁荣。① 第二次世界大战后，中俄贸易繁荣，满洲里发展迅速，但此阶段的中俄贸易并不均衡，被迫性较明显，俄罗斯与东北地区之间在农业、纺织和食品加工技术方面有了一定程度的交流。

2. 新阶段的积极重启

新中国成立之初，中苏双方主要通过满洲里口岸运输武器、弹药、药品、布匹等战略物资。抗美援朝期间，货运量曾达到了 400 万吨的高峰。1950 年中苏贸易协定及相关文件是新中国首次与其他国家签署的贸易协定，指导了中国与苏联等社会主义国家间的贸易发展，其中满洲里承担了 60% 以上中苏货运量，在满洲里建立较为完善的口岸设施、管理机构，加大了基础设施建设，生产条件有所改善，进出口货物量长时间居全国第一。这一时期，中苏贸易往来基本按照平等互利、互惠互利的原则进行，贸易额逐年稳步增长。

3. 新阶段的曲折发展

20 世纪 60 年代，中苏关系恶化，贸易额大幅下降。满洲里的对外贸易一度陷入历史低谷，与苏联的经贸往来几乎停止。1980 年以来，中苏关系逐渐缓和，满洲里口岸恢复了对苏贸易；1985 年内蒙古自治区人民政府批准满洲里为县级市，指定为甲级开放城市；1988 年，满洲里还被叫作呼伦贝尔经济体制改革的试验窗口。1991 年，苏联解体，受各种政治经济因素的制约，中俄贸易出现了较大波动，满洲里口岸对外贸易也"随波逐流"。1992 年，国家批准满洲里作为第一批沿边开放城市，一系列的政策扶持令满洲里经济和社会发展迅速，城市面貌发生巨大变化，与 40 多个国家和地区建立了经贸合作关系。

4. 新阶段的快速发展

进入 21 世纪以来，我国的外交新格局逐步确立，边境地区的开放也稳步拓展。2002 年，国务院确定满洲里和深圳同时为需要重点建设和发展的铁路口岸，满洲里年综合换装能力超过 3000 万吨，年过境能力超 1.2 亿吨。2004 年 7 月，国家颁布新的对外贸易法，加强法律保护，维护对外贸易秩序，特别是扩大对外贸易主体的经营权，将外贸经营权改为登记备案制度，贸易环境有所改善，促进了满洲里边贸的快速发展。

---

① 李蔚. 浅析中蒙俄经济走廊的贸易发展现状 [J]. 内蒙古统计，2019（6）：14-18.

2008年，全市外贸进出口总额达到26.48亿美元，其中俄罗斯为22.13亿美元，占全国与俄罗斯贸易总额的近一半。① 2008年启动了新的国际货场建设，2012年被确定为重点开发开放试验区，2015年被批准为综合保税区，2018年我国TIR（国际公路运输公约）经过俄罗斯到欧洲国家的货物通过满洲里，继续保持全国第一大边境陆港地位。总体而言，在中俄两国政府的支持下，满洲里与俄罗斯的边境贸易规模越来越大，内容越来越广泛，管理也越来越规范。今天，在"一带一路"倡议的背景下，满洲里不仅是国际知名的边境贸易城市，也是中蒙俄经济走廊的重要战略支点，对振兴东北发挥着重要作用。

（二）满洲里口岸发展中的问题

尽管满洲里作为我国最大的陆路口岸，在"一带一路"建设和东北振兴战略中具有突出的地位和作用，但在发展过程中依然存在着不少问题，如贸易易受政策影响而出现波动，口岸自身产业发展缺乏内驱力，基础设施亟须提升等。

1. 贸易易受政策影响而出现波动

当前，俄罗斯作为满洲里口岸的主要贸易对象，其贸易发展很容易受到中俄关系和贸易政策变化的影响。俄罗斯方面，2008年国际金融危机的影响持续至今，经济低迷，石油、有色金属、化肥、木材等能源原材料价格低迷，影响了俄罗斯的出口。与此同时，西方国家不断对俄罗斯发起制裁，油价暴跌和美元的强势冲击，卢布持续贬值，外资严重出逃，投资环境进一步恶化。中俄贸易方面，中国对俄出口价格上涨，俄罗斯市场需求下降，中俄大宗货物进出口贸易基金结算通道受阻，导致满洲里的货物处理量直接下降。俄罗斯贸易体制、立法不完善，对华贸易政策不稳定，严重制约了满洲里口岸的发展进度，如俄罗斯不断调整的关税征收方式严重影响了中国与俄罗斯的进出口贸易，并且俄罗斯在互贸区建设方面落后，满洲里口岸的中俄互贸区已有30多年的历史，但俄罗斯至今尚未实现双向开放；俄罗斯出于对相关产业的保护，对边境

---

① 曾颢，梁天戈，李震岳. 满洲里构建中蒙俄经济走廊重要节点城市空间发展战略探讨［J］. 现代城市研究，2017（5）：90-99.

居民携带的货物种类和数量采取了一定的限制措施,阻碍了边境贸易往来的积极性。

对于我国而言,受供给侧结构性改革的影响,煤炭、铁矿石等大宗货物过境量减少。我国产业结构经过多次调整,轻、重工业结构逐步优化,但是满洲里的工业仍以传统的煤炭和木材加工业为主,市场竞争力不强,港口经济处于转型期。而且"一带一路"跨境班列影响了满洲里的木材进口,因为其他省区对中欧班列运营增加了扶持力度,导致满洲里的木材进口和加工量大幅度下降,2019年上半年,满洲里木材加工企业累计产值1.6亿元,同比下降22.7%①。在此情况下,2017年海关总署废除了旅游贸易方式,代之以市场采购贸易方式,导致满洲里对俄贸易减少,尤其是服装和纺织品。

2. 口岸自身产业发展缺乏内驱力

随着对外开放战略持续推进,口岸城市经济建设和发展加快,北部陆路边境的霍尔果斯、阿拉山口、乌拉特、二连浩特和绥芬河口岸的对外贸易增长较快,各口岸的过货量、海关税收、进出口贸易额、进出口企业数量与日俱增,进出口结构不断优化。这些与满洲里相似口岸的客观竞争影响了满洲里口岸的竞争力。满洲里口岸缺乏竞争力的原因在于:一是进出口贸易结构单一,出口主要是机电产品和农产品,附加值低、技术含量低,进口的主要是原木和纸浆等资源产品,高附加值、高科技、高端服务贸易占比较低;二是内蒙古口岸经济发展相对落后,满洲里口岸经济发展方式还比较传统,以货物运送为主,形成了完整的特色产业体系,口岸经济还没有发展起来;三是对外经贸主体实力不足,多为中小企业,经营能力有限,资金供给不足,无法应对市场风险,经济活动也仅限于贸易流通领域,整体水平不高;四是投资力度不够,招商引资缺乏针对性和高效率,尤其是口岸经济发展的项目屈指可数,仓储、物流和商务旅游项目很少。

3. 基础设施亟须提升

在运力方面,满洲里作为铁路口岸,运力吃紧。近年来,满洲里年

---

① 冯晓玲,姜珊珊. "一带一路"倡议下中蒙俄经济走廊合作发展分析[J]. 东北亚经济研究,2019(4):18-33.

货运量已突破3000万吨，并逐年增长，2018年达到3192.4万吨。但就总货量而言，到港量大，出港量小。在铁路运输方面，由于口岸的特殊性，长途运输是客货运输的主要方式，而满洲里的出境列车多达14条，但连接内地的铁路只有滨洲铁路，货车严重短缺，运输速度缓慢，大量货物积压在口岸。满伊铁路自2012年开工以来，只完成了一期工程。在公路运输方面，由于缺乏统一、标准化的运输工具，增加了口岸放行难度，导致口岸通行缓慢，货运能力不足。高速公路、航空等口岸通道建设急需政策和资金支持，满洲里—后贝加尔斯克公路口岸通道单一，效率低下，中国建设了六进六出货运通道，但俄罗斯还没有实现双方货物通道的对接。满洲里机场为4D级，客座率和可达性有待提高，设施利用率低，机场枢纽功能未充分发挥作用。

在现代物流方面，口岸物流企业数量少、规模小，许多从事物流服务的企业只能提供运输和仓储服务，缺乏配送加工、物流成本管理等更先进的物流服务。满洲里口岸企业与俄罗斯之间的信息平台尚未建立，信息技术尚未充分利用，无法实现物流信息的收集、分类、聚合和跟踪。满洲里综合保税区项目建设受金融风险防控等因素的影响，进展缓慢，国际物流产业园也由于地方财政投入不足，园区基础设施不完善，入驻企业少，专业人才严重短缺，业务仅限于搬运、装卸、运输等基本活动，园区企业的信息化水平、标准化程度较低，企业间的合作有待进一步深化。

（三）重点打造满洲里口岸的建议

满洲里在中蒙俄经济走廊建设中具有重要的地位和潜力，针对当前建设中面临的不足，进行有针对性的重点建设，弥补短板，将满洲里打造成中蒙俄经济走廊上的重点产业园、边境区域中心城市、跨境物流中心和旅游集散中心。

1. 中蒙俄经济走廊上的重点产业园

目前，满洲里是中国建设的面向俄罗斯和蒙古的边境口岸中，历史最悠久、工业园区数量最多、开放水平和程度最高的口岸城市，被"一带一路"倡议定位为"中蒙俄经济走廊的重点产业园区"。因此，在"十四五"期间满洲里积极对接东北三省对"一带一路"的规划，尤其

东北地区打造对外开放新前沿对策研究

是黑龙江省《"中蒙俄经济走廊"黑龙江陆海丝绸之路经济带建设规划》，与黑龙江省绥满经济带上的重点工业园区进行对接，围绕满洲里综合保税区的规划建设，启动中俄跨境经济合作区建设，积极推进满洲里跨境自贸区试点，以西郊机场为支撑，建设空港产业园。支持国家特殊优惠政策，提升满洲里跨境经贸合作水平，尽快建成中蒙俄经济走廊重点工业园区，促进外贸高质量发展。一是着力支持财税体系建设，为口岸建设提供有保证的政策性资金。对中央安排的公益性建设项目，取消县级（含地）以下配套资金；对从事激励性行业的企业，按照国家税收法律法规的规定，落实税收激励政策，坚决防止非法征税和收费；建议中央政府每年安排专项补助，用于满洲里的基础设施建设；为保证口岸建设的资金，可在留作地方建设的税收比率上实现一定程度的增加。二是大力支持金融保险政策，激活金融市场的活力。① 推动设立满洲里银行，放宽对满洲里融资租赁业务资格的审批，建立多元化资本市场，满足不同金融服务需求；鼓励互联网金融创新，帮助有条件的金融机构搭建创新互联网平台，推动金融创新和金融开放，维护金融体系安全稳定；赋予满洲里外汇管理局国家级外汇管理权限，下放贷款审批权限，增强县级分行加强信贷控制的积极性和主动性；帮助国内外各商业银行在满洲里设立分支机构，推动人民币与周边国家货币自由兑换和结算；创新跨境电子商务金融服务，探索跨境电子商务出口退税管理机制。三是着力支持土地政策，盘活土地资源。建立健全节约用地机制，创新土地整备机制，盘活优化存量土地资源，增强政府对土地供应的调控能力；授权满洲里部分省级土地管理审批权，实施农地转让征收指标计划单列。

2. 边境区域中心城市

从长远看，满洲里的综合发展依靠中蒙俄三国的发展，三国之间持续和不断增强的经济、社会、文化、科技交流与合作，是推动满洲里成为中蒙俄三国边境地区中心城市的最大动力。一是科学布局边境口岸产业空间。在滨洲铁路（哈尔滨—满洲里，我国东北地区的交通大动脉，是连接亚欧大陆的重要通道，年货物运输能力超过 1 亿吨）、国道 G301

---

① 曾颉，梁天戈，李震岳. 满洲里构建中蒙俄经济走廊重要节点城市空间发展战略探讨 [J]. 现代城市研究，2017（5）：90-99.

(绥芬河—满洲里)和国道 G331（丹东—阿勒泰）等主要交通线上，满洲里都是重要节点，具备以重点产业园区为载体，打造国内外产业转移的集聚区，与俄罗斯进行深入的能源资源合作和社会、人文、技术的交流合作，形成跨境产业链，形成以满洲里为主导的边境口岸经济产业空间布局。二是增强满洲里综合配套服务能力，大力发展空港物流、金融服务、产品展示、研发设计、生产性和流动性服务贸易、旅游服务等功能，深化与航空公司和物流公司的融合，积极探索国际航空快递、集装箱专柜等业务，重点建设辐射东北亚、直达欧洲的现代国际空港物流基地，全面提升国际交往的便利性和紧密度。积极推进齐齐哈尔—满洲里客运专线，实现高铁与国际机场无缝衔接，加强机场的开放功能，提高交通的便利性，从而提高周边地区的旅游服务设施建设和服务水平。三是推进满洲里开放体制机制的创新完善，强化边境中心城市的地位和功能。在满洲里和俄罗斯赤塔市设立外事机构，建立定期会晤、对话和磋商的工作机制，实现与俄罗斯和蒙古周边地区政府之间的快速反应；地方政府在招商引资过程中，可以根据需要与外国主体开展谈判、签订合作协议；加大项目支持力度，充分发挥企业主体作用，鼓励外资通过投资参与跨境基础设施共建；推动建立满洲里和渤海湾港口群、东南沿海开发区和京津冀主要城市多边合作机制；推动满洲里与呼伦贝尔中俄蒙合作先导区和岭西地区多边合作。

3. 跨境物流中心

满洲里具有全国最大的铁路换装规模和设施，年换装能力 7000 万吨，公路口岸 24 小时通关，年过货能力 600 万吨，口岸大宗货流、客流国际化服务水平高，铁路集装箱班列常年发车超 600 列，货运量超过 5 万标箱，"苏满欧"班列双向开通，新开中欧班列 14 条，[1] 国际影响力不断增长。未来，满洲里将依托完善的物流体系，建设成现代跨境物流配送中心。积极对接渤海湾港口、东北腹地城市至满洲里联运通道，加强陆海联运，畅通物流网络；继续与哈铁集装箱中心站等全国集装箱中心站的对接，加强与大连港、营口港、天津港的衔接，实现海陆联运，打通渤海湾港口经满洲里到达俄罗斯和欧洲其他国家的通道，以及满洲里经

---

[1] 韩鹏，田娜. 中蒙俄经济走廊建设研究[J]. 财经理论依据, 2019（3）: 45-51.

过黑龙江省和吉林省到达符拉迪沃斯托克港、波西耶特港、纳霍德卡港、扎鲁比诺港等港口的通道。增加现有中欧班列频次，培育新的中欧班列并实现常态化运营，拓展海外市场，组织回程货运。完善满洲里口岸物流集散体系，协调与铁路网络的衔接，完善物流体系，提升服务能力和水平，在构建大通道的同时辅以公路物流网络建设，增强货物疏散能力。增加航班密度，加强与俄罗斯主要城市以及东北腹地主要城市之间的联系，扩大满洲里的辐射范围。

4. 跨境旅游集散中心

满洲里作为我国著名的边境口岸旅游城市，是中国首批国家旅游示范区。近年来，满洲里的游客总数和旅游收入不断增长，国际旅游的入境游客人数和外汇收入占呼伦贝尔市的80%。2019年1—7月旅游人数持续上升，超过500万人次，同比增长10.34%，出入境旅游人数超过100万人次，同比增长16.07%。[1] 满洲里旅游业的积极发展，源于其得天独厚的区位优势，植根于中蒙俄多民族历史文化交流的巨大吸引力，形成了具有浓郁的俄罗斯风情和蒙古族特色的人文气息，逐渐成为具有异域风情的开放式国际旅游城市。"中国·满洲里中俄蒙国际冰雪节"已成为促进三国文化交流、增进和平友谊、促进区域合作的重要平台。在开辟旅游线路时，注重对历史文化遗产的细致考察，提升多元文化素质，精心探索国家红色经典旅游区、扎赉诺尔历史文化旅游区等空间建设，开发旅游新模式，促进旅游发展。加强市区和景区旅游服务设施建设，努力推进与国际接轨的文化旅游、休闲度假旅游等服务。重点开辟和加强满洲里至俄罗斯、蒙古、朝鲜、日本和韩国的跨境旅游线路，与东北重要口岸建立旅游合作机制，不断提高知名度和美誉度。

第三节　研究规划渤海海峡跨海通道

由于渤海海峡的隔离，关内与关外的交通基本都需要绕行山海关，环渤海湾经济区被分割为三个相对独立的区域，尽管辽东半岛与山东半

---

[1] 内蒙古满洲里旅游人数持续上升[EB/OL].(2019-08-31)[2022-05-20].http://pic.people.com.cn/n1/2019/0831/c1016-31329512.html.

岛之间有海路运输，但效率满足不了现实需求。近年来，随着"一带一路"建设的深入发展，对渤海跨海通道建设提出了新要求，在市场、技术、设备、人力资源和前期准备日趋成熟的基础上，尽快开工建设渤海跨海通道，将会成为东北联通华北的重要助力，将产生良好的社会效益和经济效益，对东北振兴和环渤海经济圈建设产生巨大的推动作用。

（一）跨渤海通道前期准备

从空间距离上看，渤海跨海通道一旦开通，旅顺到烟台之间的超1500千米的绕行距离将缩短到170千米左右，形成了贯穿我国南北的东部铁路、公路的交通要道。1992年，柳新华、戴桂英、宋长虹等专家提出了渤海海峡跨海通道项目，并成立了由国务院研究室主任任组长，国家有关部委、地方、单位等联合组成的课题组，研究论证至今，其主要思路是充分借助渤海海峡的地理优势，从山东蓬莱经过长山列岛到达辽宁旅顺，通过跨海桥梁、海底隧道或桥梁隧道相结合来完成跨越渤海海峡的直达快捷通道的设计，形成四通八达的Φ形交通，就可以充分弥补原来C形交通的缺口，将天堑变成通途。[①]

随着环渤海经济圈的快速发展，地域差距越来越明显。为解燃眉之急，1994年烟大铁路轮渡被正式列入国家发展规划，1995年被列入国家"九五"规划，2006年开始试运行。烟大铁路轮渡可以大大减轻山海关铁路运输的压力，但难以满足经济社会快速发展的需要。在海峡两端提供便捷的快速通道，以迅速提高运输能力，是一个不得不为的选择。蓬莱与长岛的地理和水文条件非常适合进行前期试验，两地之间只有7千米宽的海域，附近海域多为2~5米深的浅水区，施工难度不大，规模较小，有桥梁和隧道两个选择。通过修建桥梁或者隧道，既可以解决长岛的交通问题，也可以作为长距离跨海通道的试验项目，提供宝贵的通道建设经验和试验数据，最大限度地降低跨海通道建设的风险。蓬长跨海试验工程已具备开工条件，期待先行开工。

在各方努力下，渤海跨海通道已被纳入《全国海洋功能区划

---

① 渤海海峡跨海通道最新动态：未来或先建蓬长段，已论证29载[EB/OL].(2021-03-16)[2022-05-22].https://sd.iqilu.com/v7/articlePc/detail/7603388.

（2011—2020 年）》《环渤海地区合作发展纲要》《关于近期支持东北振兴若干重大政策举措的意见》《山东半岛蓝色经济区发展规划》《山东省综合交通网中长期发展规划（2018—2035 年）》以及地方政府的"十四五"规划当中，并体现于《国家综合立体交通网规划纲要》（2021 年）当中。在 2018 年的渤海湾通道发展建设论坛上，杜彦良院士说，通过多方对比、斟酌，充分借鉴国内外跨海通道建设的经验教训，以现有海峡自然与地质资料为依据，进行综合比较分析，最终才确定选择全隧道方案；综合比较施工难度、运营安全、环保节能等，且能同时满足铁路运输和公路运输的要求，选择建设铁路隧道的运输方式；选择了旅顺老铁山西北角，蓬莱东港为登陆点。同时，杜彦良院士提到了跨海通道建设面临着自然条件复杂、地质环境恶劣、生态环境脆弱三大挑战，并建议能与实际建设需求相结合，加快进行超长跨海隧道关键科学技术研究，为我国今后能建设世界级海底隧道提供强有力的科学支撑。①

（二）开发渤海海峡的重要战略价值

渤海天堑变通途的梦想已不是遥不可及，正在扎实推进，一旦贯通，将成为我国东部沿海地区的主要通道，连接东北、华北、东南沿海的大动脉，贯通南北，必将加快推动生产要素整合，促进区域经济协调发展；改变东北地区与关内的交通状况，更全面地融入国内市场；拓展"一带一路"空间布局，保障地缘政治安全。

1. 贯通南北的东部主要通道

区域经济的发展将受制于区域内孤立的交通运输路网，路网之间的紧密联系形成全面协调的综合交通网络无疑对区域经济发展具有重要的支撑作用，如我国的长三角地区。环渤海经济圈跨度大、城市相距遥远，区域经济一体化需要更为完善的交通体系。当前渤海的阻隔严重限制了辽鲁之间的客货往来。从区域发展的角度看，渤海跨海通道将环渤海构成一个闭合的环线，不仅大大缩短了辽东半岛与山东半岛的交通距离，更重要的是在我国的交通网规划中又形成了一条贯通南北的铁路干线，

---

① 院士谈"渤海海峡跨海通道总体建设方案"：最后选择全隧道［EB/OL］.（2018-12-20）［2022-05-23］.https://m.thepaper.cn/newsDetail_forward_2754477.

将有效提高我国的交通运输效率，构建一体化的区域交通网络，向北联通俄罗斯的亚欧大陆桥，向南连接陇海铁路，对协调我国区域平衡发展，提高我国对外开放交通运输治理水平都具有重要意义。

2. 促进区域协调发展

从辽宁省和山东省看，渤海跨海通道连接辽宁省和山东省，有助于扭转辽宁省和山东省经济发展的劣势，推动山东半岛蓝色经济区和辽宁省沿海经济带在沿海经济竞争中重新获得优势。从目前情况来看，山东省的表现更为积极。对辽宁省而言，也应该积极推动跨海通道的建设，这不仅有助于辽宁省更紧密地融入全国经济发展的大格局，更对辽宁省扩大对日韩的开放、增加对俄罗斯和蒙古的跨境贸易有重要作用。从区域发展看，环渤海经济圈内的生产要素将加速自由流动，加快环渤海经济圈交通、经贸等领域的实质性合作，加快京津冀协同发展，带动辽宁沿海经济区、山东蓝海经济的发展，将进一步拉动东北老工业基地、内蒙古东部经济增长，形成产业分工、功能互补、联系紧密、协同发展的环渤海经济圈，最大限度发挥湾区经济的集聚和带动作用，加快新旧动能转换，推动我国北部地区进入快速发展阶段。从国家层面看，渤海通道的建设将把我国东北、长三角、珠三角地区紧密联系起来，加强东部三个区域之间的信息、资源、技术和人才交流，为东北地区培育较大的国内市场。对于东北亚而言，随着渤海通道的建设，环渤海经济圈将成为国际投资的一大亮点，为全方位多层次开拓东北亚市场，推动东北亚各国经济结构调整和产业转移提供了机遇，特别是对于促进粮食、木材和重工业领域的物资交流提供了更大的国际空间。

3. 使东北更全面地融入国内市场

改革开放后经济重心向东南沿海转移，东北地区逐步偏离经济中心。东北地区幅员辽阔，与中原内陆和东南沿海地区相比，大城市的分布比较稀疏，物流成本高，难免导致产品竞争力不足。针对这一问题，《东北地区振兴规划》要求"加强跨区域重大基础设施建设，形成区域发展新格局"。《东北地区振兴规划》提出，加强东北三省和内蒙古东部一些重要边境城市的交通规划，包括计划建设黑河至北京、丹东至锡林浩特两条跨区域通道，却没涉及东北与山东、华东地区的跨区域联运线路。重视东北与东北亚国家间的跨境通道建设是应该的，打通东北的南下通道更具有意义。

东北与山东省的直线距离并不远，两地区的关系很深，大连 60% 以上人的祖籍是山东。但是，由于各种主客观原因，东北地区的发展明显落后于东南沿海地区，也落后于山东。2019 年东三省 GDP 总额还不及山东一省。东北地区应尽快与山东省建立更直接的交通联系，即在两地渊源深厚的基础上建立渤海通道，将两地融为一体。通过山东半岛城市群，东北地区可连接长三角和珠三角经济区，加强东北和东南沿海的交通联系，降低东北地区物资运输成本，提高东北产品的市场竞争力；同时在东南沿海地区经济辐射下，振兴东北地区的市场形势，化解行政冗余，激发市场活力，在更宽广的领域和范围内培育新的经济增长点。

4. 保障地缘政治安全

当前，东北亚是对我国国家安全影响最大、最不具确定性的地缘政治区域。美国亚太再平衡战略本质上是对中国的战略再平衡。如果"一带一路"倡议的作用能更好地发挥，就可以突破美国的战略围攻。渤海通道建设是"一带一路"的重要组成部分，向朝鲜和俄罗斯的扩展将使我国东北地区经济转型更加全球化，"一带一路"的整体空间布局将更加完善。渤海通道建设的资金投入和技术难点，不仅再次肯定了国家的综合实力和水平，也提高了"一带一路"倡议的国际影响力，提升了我国作为东北亚国家经贸往来的交通枢纽的地位，对打破美国亚太再平衡战略也能起到关键作用。

渤海是保护我国海防的"东大门"，加强区域经济建设与交通联系，具有明显的国防和军事价值。东北亚紧张的地缘政治局势由来已久，将会从结构上影响亚洲乃至世界的地缘政治和经济格局。从国防建设的角度来看，东北亚的战争一定会影响到东海甚至渤海的海上安全，京津门户海陆咽喉始终面临安全威胁，渤海通道将成为国防建设的重要战略工程，整合整个环渤海防御体系，方便中国进入东北亚不同地区，构成具有弹性攻防和战略纵深的防御区。防御力量的空间构成更加机动、灵活、高效，能对渤海海域的攻击实施有效打击，及时改变攻防态势，而且能有效支持黄海东海区域的作战，增强战略威慑和反击能力。

(三)渤海跨海通道建设的基础

渤海跨海通道是世界级的超级工程,通道长度空前、投资巨大,技术非常复杂,必须经过充分的考察论证,对地理条件、交通潜力、施工技术、投资回报等进行充分论证。

1. 地理条件

渤海海峡位于辽宁省大连市南端的老铁山角与山东省山东半岛之间,是连接黄海、渤海的海峡,是渤海的唯一出口,因此被称为"渤海咽喉"。渤海海峡南北宽度为105千米,庙岛群岛(属山东烟台)是海峡中的主要岛屿,也是渤海与黄海的天然分界线。老铁山航道是渤海海峡以北最宽的航道,水域湍急,航运条件复杂,且靠近郯庐断裂带。[1] 从地质条件看,渤海通道海域的气候环境条件、地理地质条件相对较好,海水在温度、含盐量和流速方面差异不大,施工难度相对较低。

2. 交通潜力

作为我国交通较为发达的环渤海地区,在我国交通布局中的地位不可小觑。环渤海经济圈地区海岸线总长1500多千米,港口遍布,运输业务繁重,承担着全国大约1/3的货运和近一半的短途客运。同时,运输需求增长迅速,全年外贸运输量占沿海外贸运输总量的50%以上。但因为有渤海海峡相隔,运输能力难以满足该地区国民经济发展的需要。渤海海峡北岸的京沈、京锦、京通、哈大线,运力达数亿吨。环渤海高铁的前期协调与后期建设都需要跨区域配合,进度缓慢。南岸运输通道建设滞后,直接造成北岸进出港运输不堪重负,最重要的是,南岸的一些港口无法与其他港口形成运输系统,从港口运出的大量货物进一步增加了北岸铁路的供需矛盾。目前,山海关的轨道交通满意度只有30%~40%。绕开山海关,打通渤海海峡,走海上捷径,仍是环渤海经济圈发展的迫切需要。随着"一带一路"建设的加快推进,环渤海各省市之间的经济交流将更加密切,必然带动交通量的快速增长。

---

[1] 孙东琪,陆大道,王振波,等.渤海海峡跨海通道客货流量预测分析[J].地理学报,2017(8):1486-1507.

3. 施工技术

从国内外跨海工程的技术水平和发展态势来看，渤海通道在技术上已经成熟，在工程上具有可行性。日本青函隧道、英吉利海峡隧道为此提供了丰富的实践经验。近年来，中国建成了多座大型海上桥梁，包括杭州湾跨海大桥、胶州湾跨海大桥、港珠澳大桥等，这些超级工程涵盖了世界桥梁建设的最新技术，创造了世界工程奇迹。其中港珠澳大桥海底隧道全长5.6千米，采用外海沉管隧道设计，是世界上最长的公路沉管隧道，被公认为"当今世界最具挑战性的工程"。总的来说，这些超级工程展示了中国交通建设的突出成就。目前，世界十大桥梁中有六座在中国，①且技术水平和工艺都属于世界一流水平。

4. 投资回报

从投资的角度来看，建设跨海通道可以实现稳定的高回报率。具体体现在两个方面：一是按照我国现行的公路、桥梁、隧道的收费管理制度，未来的交通流量将带来巨大的营业收入，年利税将达到200亿元以上。二是跨海通道建成通车后的综合效益。这包括土地估价、旅游开发收入、燃料节省和排放减少以及乘客旅行时间的节省。具体来说，通过改善当地空间的可达性，将提高大连与烟台之间的往返效率，大幅降低两地和东部沿海地区企业和产品的运输成本，而且减少了火车、汽车的能耗。同时，项目建设对工程机械、材料、劳动力等方面的巨大需求，促进了通道两端相关产业的快速发展。随着地方经济的快速发展，国民收入将显著增加，产业协同效应更加明显，产业链更为完善，产业结构也将更为优化。②

（四）建设渤海通道的建议

我国适时启动渤海通道建设，在战略规划、协调机制和科研等方面尽快部署，配合前期建设，取得了初步成果。

---

① 刘良忠，柳新华. 加快推进渤海海峡跨海通道工程的规划及建设 [J]. 科技导报，2016 (21)：82-84.

② 刘良忠，柳新华. 跨海逐梦：渤海海峡跨海通道设想及历程 [J]. 科技中国，2017 (4)：81-86.

第五章 东北地区打造对外开放新前沿的新抓手

1. 强化国家战略规划

超级项目往往需要国家重视,从项目建议书的比选到决策、实施和运营,随着国家的发展,推动尽快进入实质性建设阶段,必须纳入国家建设规划。作为推动"一带一路"协同发展的重大交通工程,渤海通道是建设交通强国、推进陆海一体发展的重要抓手,是连接"一带一路"的重要纽带。近年来,渤海通道工程多次被列入国家相关计划。

2011年,国务院正式批准《山东半岛蓝色经济区发展规划》(以下简称《规划》),作为《规划》的重要内容,跨海通道建设项目正式上升为国家战略。

2012年3月,由交通部规划研究院带领的"渤海海峡跨海通道战略规划"研究小组编制完成并报国家发改委的《渤海海峡跨海通道战略规划研究总报告》,认为通道建设是非常必要的,技术上也是可行的。

2014年1月29日,国家发改委公布了有关2014年交通发展改革工作的重点,结合"十三五"重大交通问题前期研究,国家发改委组织开展对渤海海峡跨海通道等项目的研究。

2015年3月,国家发改委基础产业司召集交通运输部规划司、铁路总公司计统部、山东省及辽宁省发展改革委、烟台市及大连市政府等在京举办渤海海峡跨海通道座谈会,研究如何加快启动前期研究工作,标志着该项目进入一个新阶段。9月,国家发改委发布的《环渤海地区合作发展纲要》中提到,要研究推动渤海海峡跨海通道建设前期工作进度。12月21日,国家发改委再次召开渤海海峡跨海通道座谈会,讨论通道项目决策风险和项目组织机制。

2016年3月,烟台市第十六届人大六次会议审议的《烟台市国民经济和社会发展第十三个五年规划纲要(草案)》中,明确提出"研究启动渤海海峡跨海通道前期工作"。

2018年9月,《山东省综合交通网中长期发展规划(2018—2035年)》印发。其中,山东省表示将积极推动渤海海峡跨海通道规划建设。

2019年2月,渤海海峡跨海通道已纳入《环渤海地区合作发展纲要》《山东省综合交通网中长期发展规划(2018—2035年)》。

2021年2月24日,中共中央、国务院印发《国家综合立体交通网规划纲要》,将渤海海峡跨海通道纳入京哈线的支线之一。

2. 加强组织协调

渤海海峡跨海通道工程涉及面广、技术难度大、周期长，涉及政治、经济、生态、社会等多方面，需要进一步统一思路，加强认识，明确项目关键战略、意义和价值取向，切实加强工程研究、规划和建设，形成科学合理的组织运行机制。国家发改委、交通运输部等全国性组织会同山东省、辽宁省等地方政府和有关单位，组建领导小组，在大连、烟台成立专门机构，组织协调地方政府部门、科研院所、企业集团对渤海通道项目全生命周期的组织和运行进行研究。加强前期示范规划的组织协调和领导，就项目各个阶段的工作规划、组织架构、工作模式、分工、建设进度、融资渠道等，定期或不定期召开会议、座谈会、项目进度会议来进行沟通协调，共同推进项目进展，明确职责，落实任务，全程跟踪，确保前期任务落实到位。

3. 组织科研单位攻关重大课题

在前期研究的基础上，科技部等相关部门要协调会聚科研院所、高校、工程单位、交通、海洋、生态、土木工程、测绘、法律、工程设计、金融投资等各领域专家学者，加强工程研究论证投入，支持筹备工作细化开展。针对跨海航道的关键工程技术，尤其是重点区域和水域的关键工程技术，逐项进行详细研究，确保解决方案和计划合理。优化、比较、选择各种工程技术方案，综合考虑技术、经济、社会和生态效益，选择最佳方案。财政方面，国家财政和山东、辽宁两省财政将重点支持相关科研院所和高校科研院所，支持重点领域的重大专题和技术研究，设立专项启动基金和重要研究领域。[①] 同时要积极拓展国际合作，渤海通道作为我国重大基础设施建设项目，对东北亚交通格局、区域经济发展和地缘政治格局具有重大影响，宜将区域内的通道建设项目结合起来。依托国内科技能力，积极与韩国、日本、俄罗斯等国家和地区合作，共同实施研究、规划、建设和区域发展。

---

① 刘良忠，柳新华. 加快推进渤海海峡跨海通道工程的规划及建设［J］. 科技导报，2016 (21)：82-84.

第五章　东北地区打造对外开放新前沿的新抓手

第四节　建设"冰上丝绸之路"

"冰上丝绸之路"指的是穿越北极圈，连接北美、东亚以及西欧三大经济中心的海运航道，同时是"一带一路"倡议的延伸，为促进沿线国家经贸交往和文化交流提供了重要的纽带联系。2017年，中俄领导人在会晤时提出了共建"冰上丝绸之路"倡议，2018年1月，中国政府发表了《中国的北极政策》白皮书，进一步明确了共建"冰上丝绸之路"的相关细节，其中明确提出中国愿与各方共建"冰上丝绸之路"，为推进北极地区互联互通和经济社会的可持续发展积极贡献方案。中俄共建"冰上丝绸之路"能够在较短时间内达成合作意向，与两国发展需求深度契合，中俄希望加强在北极圈的合作，加强能源合作，以及北极治理规则上的合作。尽管如此，中俄共建"冰上丝绸之路"面临着高涨的建设热情与落后的软硬件条件、短期经济利益与长期战略利益、地区的相对利益与国家的绝对利益等矛盾。

（一）建设"冰上丝绸之路"的机遇

近年，"冰上丝绸之路"建设成为欧亚大陆互联互通的新亮点。2015年12月7日，俄罗斯副总理德米特里·罗戈津在"北极的现今与未来"论坛上邀请中国参与北极航道建设项目，特别是货运铁路项目，中俄高铁开启"破冰之旅"。2016年7月22日，俄罗斯外长拉夫罗夫重申中国作为北极理事会观察员的立场，呼吁中国积极扩大包括液化天然气产能建设在内的一系列项目。经过近两年的预热，俄罗斯总统普京在第一届"一带一路"国际合作高峰论坛上提出，与中国加强北极圈合作，并设计了具体的合作方向和技术路线。① 2017年7月4日，习近平在莫斯科会见梅德韦杰夫时，双方正式提出要开展北极航道合作，共同打造"冰上丝绸之路"。中俄共建"冰上丝绸之路"，表明两国战略互信逐步加强、合

---

① 岳鹏.共建"冰上丝绸之路"中的俄方诉求及内在挑战分析[J].东北亚论坛，2020（2）：32-44.

作领域更广、合作结构更稳定,体现了中俄合作的深层次动力和两国相互兼容的发展需求。

1. 北极航道合作

在八个北极圈内国家中,俄罗斯最强大,尤其是在北冰洋的航线权益、领海专属经济区等方面。俄罗斯在北极航线上有着压倒性的优势,而且这一优势在短期内不会减弱。2019年以后,其他国家如果要穿越北冰洋,则需要征得俄罗斯政府的同意。与其他国家相比,俄罗斯在北极拥有更大的话语权,但因为北极是具有国际公共属性的,俄罗斯的国力有限,不能做到独自开发北极航道和资源,希望通过国家间的合作来开发北极圈,合作范围也从北极国家逐步扩大。早在2008年,俄罗斯就与丹麦(格陵兰)、挪威、美国和加拿大就北极圈各项发展等问题举行部长级会议,以缓解因北极圈冲突引发的紧张局势,签署了《伊卢利萨特宣言》,该宣言将俄罗斯在北极开发方面的合作方限制在北极国家的有限范围内。然而,这并没有结束关于北极权利的争端。北极周边其他国家都是美国的盟友或北约成员国,俄罗斯在北极问题上相对孤立。乌克兰危机的爆发,美俄在叙利亚战场的交锋,美国指责俄罗斯干预大选等一系列事件使俄美关系、俄欧关系低迷,欧美数十个国家正在经济上围攻俄罗斯。这使得俄罗斯在北极圈内的许多合作协议被搁置,如一些国家不再向俄罗斯提供深海钻探技术和设备。自2014年以来,通过北极航线的俄罗斯船只数量从每年47艘减少到不到10艘。与俄罗斯存在重大争端的加拿大已开始在北冰洋进行军事演习,并表示准备反击任何侵犯加拿大北部主权的企图。

相比之下,作为靠近北极的国家,中国保持了与俄罗斯的良好关系。同时,中国对参与北极开发有着浓厚的兴趣,并且拥有丰富的开发经验。中俄合作基础稳定,国家层面、地方政府、企业和学术界有着不同层次、不同形式的合作渠道。对俄罗斯而言,中国投资的大规模进入将有利于俄罗斯专业港口及其基础设施的建设,完善北极铁路和航空设施,增强俄罗斯北极资源开发能力,有助于增加北极货运量。不仅如此,随着中俄在北极领域的合作更加密切,中国对俄罗斯的支持也将变得更全面。除了从战略层面的投资、技术和人才,中俄在北极利益上的高度联系有效地解决了俄罗斯在全球治理机制中日益孤立的困境。对中国而言,中俄合作可以改善在参与北极问题上的弱势地位，为东亚其他国家树立北极合作的典范，对提升我国参与北极合作的能力方面具有重要的战略意义。

2. 中俄能源合作

在全球能源储备急剧下降的情况下，以欧洲发达国家为代表的一些国家正在加快发展可再生能源，以改变能源过度依赖国外进口的局面，我国也正在陆续调整能源结构。作为可再生能源发展的典范，德国在2011年制定了未来40年电力行业向可再生能源转型的目标，大幅提高可再生能源在该国最终能源消费总量中的份额。德国为遵守欧盟的二氧化碳减排政策，大幅减少了天然气的使用。这大大降低了将来欧洲国家对俄罗斯天然气的依赖程度，不仅对俄罗斯的能源出口造成严重影响，而且能源在俄罗斯与欧洲关系中的战略地位也在不断削减。对俄罗斯来说，能源出口的收入将大幅下降，俄罗斯在北极的经济行为将不可避免地受到限制。为填补欧洲不断缩小的市场缺口，维持国内能源发展，防止经济再次陷入危机，保护俄罗斯在北极的战略空间，俄罗斯政府实施了"向东看"战略。

包括中国在内的许多发展中国家也在调整能源供应结构，大力发展可再生能源，但由于人口众多，能源消耗大，新能源开发不足，在生态环境压力和能源结构调整的大背景下，中国国内天然气市场供需矛盾依然十分突出。北极航道作为马六甲能源运输通道的替代方案，积极参与开发建设，对中国经济、战略等方面的影响深远。中俄共建"冰上丝绸之路"，将为俄罗斯天然气供应和北极地区天然气开发开辟新的市场、投资者和商业伙伴，阻碍俄罗斯能源出口的障碍在一定程度上可以消除。由于欧洲国家能源需求下降，"冰上丝绸之路"的贸易路线功能也是俄罗斯调整能源战略、加强应对欧美制裁的选择。"冰上丝绸之路"增加了许多需要北极圈能源的西方国家对通往俄罗斯的贸易路线的依赖，而在未来的东亚国家中也一定会有这种依赖现象发生，包括中国、韩国和日本。

3. 北极圈治理机制合作

对中俄而言，共建"冰上丝绸之路"不仅仅是两国之间的合作，而是世界各国的共同事情，这里面不仅仅是北极圈能源开发合作，更有长远的战略考虑。随着不断推进"冰上丝绸之路"建设，除了现有的能源开发以及基础设施建设问题，北极作为人类尚未充分开发的地区，还是北极野生动物保护区，因此，关于海洋生态环境的问题成为建设"冰上丝绸之路"必须要面对和解决的重要问题。这些问题需要北极圈内所有国家的积极关注、参与、协调和解决，而不仅仅是中国和俄罗斯。然而，目前北极圈的治理机制并不健康，尤其是中国的参与面临诸多制约，两国需要共同努力制定规则，完善北极治理机制。

当前，北极开发合作形势较为严峻复杂，存在一定程度的军事化趋势。北极理事会和巴伦支海欧洲-北极地区联合理事会是目前协调北极问题的牵头机构。北极理事会对于推动北极地区经济、社会、生态和可持续发展方面发挥了不可替代的作用，积累了丰富的经验，制定了许多制度和规范，是世界各国参与和协调北极问题的重要平台。自从 1993 年成立了巴伦支海欧洲-北极地区联合理事会以来，不断推动巴伦支海地区的经济、环保和科技合作，缓和了冷战后的对峙局面。但是，两大机构的运作存在一些明显的弊端，经过 20 多年的变迁，环境保护和可持续发展不再是北极治理的重点。北极理事会正在逐渐暴露功能不足的问题，改革的呼声很强烈。巴伦支海欧洲-北极地区联合理事会也存在治理不善的问题。北极安全治理同样面临着现实和法律困境。在北极圈内的八国中，北欧国家之间的合作相对比较成熟，但由于历史矛盾和地缘政治等方面的因素，其他七国与俄罗斯缺乏战略互信，俄罗斯在北极圈八国中是一种被相对孤立的状态。而中国与北欧国家近年来保持着友好合作伙伴关系，各方都表现出加强对话、促进合作的意愿。中国始终将推动国际秩序更加公正合理作为自己的使命，对维护北极圈安全秩序负有坚定不移的责任。未来，中国将积极参与多边事务，提出更有力的主张，为北极治理提供更有效的公共产品。对俄罗斯而言，中国的参与和斡旋将有助于推动俄罗斯与北欧国家的和解与合作，从而促进北极圈合作机制的建立。

（二）"冰上丝绸之路"建设的主要障碍

中俄共建"冰上丝绸之路"体现了双方推进北极航线建设的紧迫性，但在建设过程中可能遇到一定的困难，包括美国的遏制策略，短期内难以实现经济效益，港口的激烈竞争削弱了合作意愿，俄罗斯只愿意实现有限合作的立场等。

1. 美国的遏制策略

北极圈是世界政治的热点,也是世界各国竞争的焦点。无论是中美贸易战,还是日本、美国、印度、澳大利亚的战略合作,都凸显了美国在全世界围堵中国的遏制策略。从"一带一路"倡议到"冰上丝绸之路"合作,美国一直在阻挠沿线国家的参与。在日益增多的北极事务中,美国无视其他国家的北极利益,以双重标准寻求更大的话语权。2013年5月发布的《北极地区国家战略》是美国的第一份北极战略文件,强调了美国在北极的利益。在奥巴马总统任期内,美国通过了一系列文件,包括《北极路线图》,北极地区的变化、战略行动计划、纲要等。2017年,美国外交关系委员会发布《北极必要性:加强美国第四海岸战略》,重申阿拉斯加和北极资源开发的重要性。此后,特朗普政府频频发布有关北极圈的政策建议和报告,呈现出浓厚的攻击色彩。2019年美国国防部发布的《国防部北极战略》明确指出中国和俄罗斯是美国在北极的战略竞争对手,谴责中俄试图"挑战"北极的规则和秩序。需要指出的是,美国国防部发布的报告侧重于军事层面,体现了美国保护北极能源利益的强硬态度,以及对中俄战略合作进行干预和阻挠的意图。

2. 软硬件建设不足

自从俄罗斯邀请中国共建"冰上丝绸之路"以来,中方不断在各种公共场合表达合作意愿和具体合作建议,中方也对俄方立场持积极态度,双方都对此表现出极高的建设热情。中俄已经签署北极海运合作协议,中方将为俄罗斯北极地区向亚太和西欧地区提供物流运输组织协调工作,俄罗斯将为中国的货物运输开放北极航道。2019年10月,首批总重量2.3万吨的矿物肥料通过北极航道运往中国。① 这是中俄关系史上的又一里程碑,更进一步优化了国际贸易大通道,推动全球互联互通实现历史性突破。但共建"冰上丝绸之路"需要面对这样一个事实:在软件和硬件建设上还很滞后,限制中国和俄罗斯合作的深入。硬件方面,港口基础设施落后,俄罗斯没有建设足够的道路和发电厂来配合港口建设;交

---

① 王志民,陈远航. 中俄打造"冰上丝绸之路"的机遇与挑战 [J]. 东北亚论坛, 2018 (2): 17-33.

通技术和设备落后，船舶导航和通信落后；气象监测能力有待提升，气候监测网络投资不足；北极海上作业专家缺乏，适合于北极冰区航行的船舶数量不足，技术装备保障不足。在软实力方面，没有国际航运规则和法规，航运金融和法律服务滞后，对北极地区土著人了解不多，生态环保技术薄弱。这些问题与中俄的积极态度相悖，严重阻碍"冰上丝绸之路"的商业运营，影响投资者的信心，影响中俄等利益相关方的共同参与。

3. 短期经济效益低

对中国来说，参与"冰上丝绸之路"建设具有综合性和战略性的好处，但同时夹杂了软硬件要求的约束和多国复杂的政治博弈，而且巨额投资下难以实现预期收益。中远集团旗下的"永盛轮"在北极航线上实现了双向通航和盈利，但北极航线每年只有1/3的时间能正常通航，绝大多数时候都需要破冰船的配合，一些狭窄的水道限制了船体的尺寸，难以实现规模收益。建造和购买满足北极航道要求的商船，不仅需要投入资金，也需要付出时间成本。即使中国商船充分利用往返北极航线的短途航行并实现盈利，短期内仍不太可能收回成本。再加上初期的巨额投资，也就是说"冰上丝绸之路"在短期内所取得的经济效益会相对较低。从长远来看，北极对中国具有长远的战略意义，尽管短期内经济效益低，更需要超前部署，为全面参与北极开发找到突破口。

4. 港口竞争激烈

与其他沿海国家和内陆地区相比，参与"冰上丝绸之路"建设对中国东北沿海城市的发展更为重要，能够改善东北地区在全球分工中的地位，进而改善东北地区的产业结构。与中美双边贸易相比，中俄贸易总额在逐年增加，但中俄贸易额并不理想。由于中俄贸易量有限，难以支撑整个北极航线。为此，中国与日本、韩国等国共同打造了东北亚"冰上丝绸之路"。事实上，日本和韩国已经表示愿意参与并付诸实践。中远海运曾在日本举办"北极航线客户推介会"，旨在将北极航线作为中日互利合作的新平台。韩国大宇造船已开始在中远海运亚马尔项目冰区建造一艘液化天然气运输船，从开工建设到交货比合同预期提前了近三个月。中日韩三国合作，为北极亚马尔地区的天然气运输提供便利，可以保障中国的能源安全。对世界而言，建设一条利益互补的"冰上丝绸之路"，可以改善世界能源运输格局。与中国的大连、天津、青岛等港口相比，日本的横滨港和韩国的釜山港在区位和条件上都是有优势的，在临港产业集群的发展现状和港口腹地的支撑条件方面更具优势。目前，从大连、连云港等中国港口出发的船舶大部分都停靠在釜山港，通常在北极航道建成后沿这条航线行驶。因此，随着北极航道的正式开通运营，日韩港口与中国环渤海经济圈地区港口的差距将不断拉大，从而削减"冰上丝绸之路"合作的动力。

5. 俄罗斯的矛盾立场

中俄长期努力达成共建"冰上丝绸之路"的合作意向，对中国而言，"冰上丝绸之路"在经济和安全方面具有巨大的潜在价值。因此，除了能源供应，还有科研价值等，中国也希望随着投资的增加，拥有与投资额相等的合法权益，不仅是为了维护国家自身的战略空间，也是为了确保北极治理机制更加合理和全球能源安全。但对俄罗斯而言，俄罗斯一直将北极航道视为国内航线，并早早设置了法律和制度障碍，阻碍其国际化。一些俄罗斯专家表示，北极航道对中国的全面开放可以让中国通过经济手段对航线进行战略性的间接管理，这是绝对不允许的。此外，中国参与"冰上丝绸之路"拓展北极权益，引发东北亚其他国家的参与，日韩等发达国家相继紧密跟进。国际化方面，俄罗斯不仅在北极面临欧美发达国家的战略压力，还担心俄罗斯的未来。因此，俄罗斯准备的共建"冰上丝绸之路"合作，与中国提出更高利益的要求形成鲜明对比。这种矛盾从一开始就存在于中俄北极合作的各个方面，而且随着发展的深入，这种矛盾还会加剧。

(三) 建设"冰上丝绸之路"的建议

对于共建"冰上丝绸之路"所面临的实际挑战，中俄双方要有充分认识和准备，积极探索解决困难的途径，如中俄合作逐步提升软硬件水平、呼吁东北亚合作、整合国内港口优势、夯实中俄合作基础等。

1. 逐步提升软硬件水平

在与俄罗斯共建"冰上丝绸之路"的过程中，首先要明确中俄在"冰上丝绸之路"合作中的地位。从本质上讲，需要厘清"冰上丝绸之路"与北极通道的区别。对中国而言，建设"冰上丝绸之路"不仅是要打通中国通往欧洲的另一条航线，更是参与北极治理的重大战略构想。"冰上丝绸之路"可以作为陆海丝绸之路的重要补充，是推动"中国制造"和"中国装备"扩大欧洲市场份额，保障我国能源安全、拓展世界地缘战略空间的重要战略通道。对俄罗斯而言，中国参与共建"冰上丝绸之路"能为其提供大量的资金、基础设施建设能力，以及广阔的国内市场等关键领域的支持，建设北极航道基础设施，以俄罗斯的国家利益为核心，而且俄罗斯处于主导地位。因此，从本质上讲，中俄的利益存在一定程度的差异。中方把"冰上丝绸之路"的关键步骤视为对北极航道的建设，尊重俄罗斯在北极航道的领土主权和合法权益，同时防止国际合作机制和"冰上丝绸之路"内部化，因为丝绸之路是建设之路、合作之路、共享之路。

改善软硬件水平是中俄两国一同建设"冰上丝绸之路"的重中之重。就中国而言，要坚持循序渐进的原则，分阶段逐步提升软硬件条件，最大限度地提高中国在发展中的合法权益，强调投资的连续性。这意味着中国需要制定阶段发展目标，包括时间表和具体步骤，前一阶段的投资反应和效果将决定下一阶段的投资方向和分量。对急需发展的领域优先投资，如适应极地建设的专业人才培养、极地法学研究相关人才的引进、极地科研人才的培养、极地医疗保障的投入等。① 我们在推动双边关系稳定发展的同时，把本国利益放在首位，推进水路、码头、仓库等硬件建设，加强能源、经济、贸易、技术等软件建设，实现"冰上丝绸之路"沿线软硬件水平的提升，提高投资回报率，最大限度地减少投资风险，最大限度地保护合作和双方国家利益。

2. 呼吁东北亚合作

增加北极航线的货运量无疑是获取"冰上丝绸之路"建设经济效益的最快、最直接的途径，而这条航线是在有限运输条件下的商业化，可以实现快速增值。2013年货量次数为71次，年货量增至100万吨以上，2017年货量比2013年增长10多倍。② 但是，目前航道上的货物种类比较

---

① 岳鹏. 共建"冰上丝绸之路"中的俄方诉求及内在挑战分析 [J]. 东北亚论坛，2020 (2)：32-44.

② 张荣，郝大江. 共建"冰上丝绸之路"背景下东北地区战略定位及对策分析 [J]. 产业经济评论，2018 (4)：104-115.

单一，以液化天然气为主，货物量有待增加，双向运输不足，以俄罗斯向中国运输液化天然气为主。中远海运近两年才尝试将北极航道双向航行常态化。一是加强与日韩等东亚国家的运输合作，二是增加东北亚至俄罗斯北部和欧洲的货运量。比如中国太阳能发电可以推广到"冰上丝绸之路"沿线地区，将光伏设备及其零部件远销欧洲。通过这种外贸实现双向常态化运输。

3. 整合国内港口优势

鉴于日本横滨港和韩国釜山港的传统航运能力，如果我国北方港口要参与"冰上丝绸之路"的建设，避免在与日韩港口的竞争中处于劣势，必须推动港口整合。目前，全国正在掀起一波港口一体化浪潮，浙江、河北、江苏、辽宁等地港口一体化接踵而至，一省一港成为发展趋势。在东北地区，着眼于开辟北极航道的巨大商机，依托东北地区、京津冀地区，以及山东半岛经济腹地，推进港口资源整合，加强港口国际竞争力，在共同建设"冰上丝绸之路"过程中发挥最大作用。为此，根据科学合理的商业模式和业务流程设计组织架构，充分考虑区域利益，在满足各方基本利益的前提下考虑整合。在经营过程中，对各港口的发展规划进行统一协调，瞄准和提高各港口集疏运和相关产业配套服务等综合方面的能力，增强优势互补，统筹兼顾，避免港口内部竞争，实现深度融合，通过港口群的模式共同建设"冰上丝绸之路"。

4. 夯实中俄合作基础

建设"冰上丝绸之路"的主要载体是北极航道，而且大部分航线实际上都在俄罗斯的控制之下，因此俄罗斯在"冰上丝绸之路"上处于便利地位。在参与建设过程中，中方充分认识到这一点，对俄罗斯在北极航道开发中所处的主导地位表现出了极其的尊重，同时加强两国政府层面的沟通和协调，实现北极联合科研与港口航运建设充分协商和管控。共同建设"冰上丝绸之路"成为两国友好关系的又一个里程碑。在交流方面，联合举办"冰上丝绸之路"合作论坛，促进中国东北地区与俄罗斯远东地区地方政府密切交流，搭建投融资平台，实现多方合作，共同提升北极航线的地缘战略和经济价值，使中俄在双边贸易、投资和产业合作中形成协同效应。与此同时，中国与俄罗斯在共同建设"冰上丝绸之路"的过程中，一定要充分保护本国合法利益，确保两国北极航道开发合作中的规范性和可持续性，这也是双边合作实现集聚的必要步骤。中俄地方政府也可以实行合作对接机制，牵头区域开展相关合作，鼓励共建"冰上丝绸之路"。

此外，中国不应放弃与包括挪威、丹麦在内的其他北极国家的合作，防止与俄罗斯合作的被动性，避免经济风险。其他北极国家大多是世界发达国家，经济实力雄厚，双边关系总体稳定。我们在基础设施、商贸、文化交流、环保、教育科研等方面打下了坚实的合作基础。如芬兰认为中国不构成威胁，中国是"宝贵的合作伙伴"。因此，依据"多方共建"原则，积极与北欧国家合作，搭建交流平台，增加"冰上丝绸之路"航线上中国和北欧国家的进出口货量，促进和北欧国家的合作，大力为"冰上丝绸之路"与"北极走廊"的对接工作提供支持，在"北极对话区域"国际论坛等合作框架内进行建设性对话，① 讨论和交流北极发展、环境保护等问题，增加参与北极活动的渠道，保持合作伙伴的多样性和合作包容性、开放性。北极开发不仅对北极环境构成威胁，商业开发也会干扰当地的文化遗产。对此，中国认识到北极圈发展的特殊性和复杂性，关注北极圈原住民的生活，认真听取当地人的意见，遵守国际海洋法，以实际行动保护北极圈的法规和条约，以及该地区的生态环境和文化遗产。

---

① 岳鹏. 共建"冰上丝绸之路"中的俄方诉求及内在挑战分析 [J]. 东北亚论坛, 2020（2）: 32-44.

参考文献

[1] 黄民兴,陈利宽.阿富汗与"一带一路"建设:地区多元竞争下的选择[J].西亚非洲,2016(2):16-31.

[2] 刁秀华.中国东北与俄罗斯远东超前发展区对接合作研究[J].财经问题研究,2018(4):116-122.

[3] 郭锐.新时期推动中韩关系发展的思路探讨[J].东北亚学刊,2019(1):36-44.

[4] 杜有,孙春日.图们江区域融入"一带一路"倡议的文化视角研究[J].北方民族大学学报(哲学社会科学版),2018(1):70-74.

[5] 朴婷姬,李瑛."一带一路"视阈下东北跨境民族文化传承与发展[J].大连民族大学学报,2016(6):543-546.

[6] 北京市社会科学院课题组.中国区域经济40年的发展成就与展望[J].区域经济评论,2019(6):23-34.

[7] 孙久文."一带一路"战略与加快区域经济发展[J].开发研究,2017(1):1-5.

[8] 盛光华,葛万达,王丽童.新一轮东北振兴视角下京津冀产业转移与东北地区产业对接问题研究[J].当代经济管理,2017(6):37-43.

[9] 张敏,胡建东.以立体化城市群建设带动东北全面振兴的对策[J].经济纵横,2019(7):57-62.

[10] 赵儒煜,韩冰.东北地区融入"一带一路"的理论前提和现实路径选择[J].当代经济研究,2016(6):79-84.

[11] 孙才志,刘天宝.东北地区深度融入共建"一带一路"的多重背景、核心目标与行动策略[J].经济纵横,2019(9):47-57.

[12] 田长生.系统论视域下东北老工业基地供给侧改革进路[J].系统科学学报,2019,27(2):101-105.

[13] 刘国斌,田峰."一带一路"建设对我国东北地区发展格局的影响[J].黑龙江社会科学,2020(3):68-72.

[14] 管克江,杜尚泽,丁汀.习近平出席博鳌亚洲论坛2018年年会开幕式并发表主旨演讲[N].人民日报,2018-04-11(01).

[15] 杜尚泽.习近平在乌兹别克斯坦最高会议立法院发表重要演讲[N].人民日报,2016-06-03(01).

[16] 陈积敏."一带一路":贡献中国智慧与中国力量[J].中国经贸导刊,2017(36):32-35.

[17] 高虎城."一带一路"顺应和平、发展、合作、共赢的时代潮流 促进全球发展合作的中国方案[J].国际商务财会,2015(10):5-7.

[18] 习近平主持中共中央政治局第三十一次集体学习[N].人民日报,2016-05-01(01).

[19] 朱竞若.习近平在"一带一路"国际合作高峰论坛开幕式上发表主旨演讲[N].人民日报,2017-05-15(01).

[20] 推进"一带一路"建设工作领导小组办公室.共建"一带一路"倡议:进展、贡献与展望[EB/OL].(2019-04-12)[2022-05-03].http://www.scio.gov.cn/xwfbh/xwbfbh/wqfbh/39595/40298/xgzc40304/Document/1652493/1652493.htm.

[21] 习近平.联通引领发展伙伴聚焦合作:在"加强互联互通伙伴关系"东道主伙伴对话会上的讲话[N].人民日报,2014-11-09(02).

[22] 杜尚泽.习近平出席金砖国家领导人同"环孟加拉湾多领域经济技术合作倡议"成员国领导人对话会[N].人民日报,2016-10-17(01).

[23] 我国已与147个国家、32个国际组织签署200多份共建"一带一路"合作文件[EB/OL].(2022-01-18)[2022-05-03].http:www.news.cn/world/2022-01/1810-7128275918.htm.

[24] 《愿景与行动》的20条"干货"都是啥?[EB/OL].(2015-03-30)[2022-05-08].http://cpc.people.com.cn/n/2015/0330/c83083-26769214.html.

[25] 推动共建丝绸之路经济带和21世纪海上丝绸之路的愿景与行动[EB/OL].(2017-04-25)[2022-05-08]. http://ydyl.people.com.cn/n1/2017/0425/c411837-29235511.html.

[26] 建设中蒙俄经济走廊规划纲要(全文)[EB/OL].(2017-04-25)[2022-05-08]. http://ydyl.people.com.cn/n1/2017/0425/c411837-29235509.html.

[27] 中共中央 国务院关于全面振兴东北地区等老工业基地的若干意见[EB/OL].(2016-04-26)[2022-05-08]. http://www.gov.cn/zhengce/2016/04/26/content_5068242.htm.

[28] 《中欧班列建设发展规划(2016—2020年)》发布[EB/OL].(2016-10-27)[2022-05-08]. http://www.nra.gov.cn/jgzf/yxjg/zfdt/201610/t20161027_28807.shtml.

[29] 国务院关于印发"十三五"现代综合交通运输体系发展规划的通知[EB/OL].(2017-02-28)[2022-05-08]. http://www.gov.cn/zhengce/content/2017-02/28/content_5171345.htm.

[30] 中华人民共和国生态环境部.关于印发《"一带一路"生态环境保护合作规划》的通知[EB/OL].(2017-05-16)[2022-05-10]. http://www.mee.gov.cn/gkml/hbb/bwj/201705/t20170516_414102.htm.

[31] 梁启东.多措并举构建开放合作高地[N].经济日报,2018-11-02(10).

[32] 《中共黑龙江省委 黑龙江省人民政府"中蒙俄经济走廊"黑龙江陆海丝绸之路经济带建设规划》摘要[EB/OL].(2015-04-15)[2022-05-12]. http://news.my399.com/local/content/2015-04/15/content_1505125.htm

[33] 张庆伟.部署我省"一带一路"建设:打造一个窗口 建设四个区[EB/OL].(2017-08-15)[2022-05-12]. https://www.sohu.com/a/165007848_757841.

[34] 哈尔滨市推进"一带一路"建设三年行动计划(2019—2021年)发布实施[EB/OL].(2019-01-02)[2022-05-12]. https://www.hlj.gov.cn/zwfb/system/2019/01/02/010890902.shtml.

[35] 哈尔滨海关16条措施优化口岸营商环境[EB/OL].(2019-03-30)

[2022-05-12]. http://epaper.hljnews.cn/hljrb/20190330/414617.html.

[36] 中国(黑龙江)自由贸易试验区哈尔滨片区关于加强对外开放深化改革创新的若干政策措施[EB/OL].(2020-06-10)[2022-05-13].http://www.hrbps.org.cn/content/2020/06/10/content_2635276.htm.

[37] 哈尔滨新区出台营商环境攻坚提质行动方案倾力打响新区营商环境品牌[EB/OL].(2020-05-15)[2022-05-13].https://news.sina.com.cn/c/2020-05-15/doc-iirczymk1725573.shtml.

[38] 吉林发布《沿中蒙俄开发开放经济带发展规划(2018—2025年)》[EB/OL].(2019-08-01)[2022-05-14].http://hc.cnjiwang.com/ywq/201908/2931455.html.

[39] 中韩(长春)国际合作示范区正式揭牌成立[EB/OL].(2020-07-09)[2022-05-12].https://www.ndrc.gov.cn/fggz/qykf/xxjc/202007/t20200709_1233502.html?code=&state=123.

[40] 吉林珲春海洋经济发展示范区揭牌 深化与宁波海洋产业对接[EB/OL].(2020-09-10)[2022-05-12].http://www.xinhuanet.com/2020-09/10/c_1126479588.htm.

[41] 中华人民共和国商务部.吉林省制定扩大开放100项政策措施[EB/OL].(2019-02-02)[2022-05-13].http://www.mofcom.gov.cn/article/resume/n/201902/20190202834299.shtml.

[42] 吉林省商务厅.吉林省人民政府办公厅关于扩大进口 促进对外贸易发展的实施意见[EB/OL].(2019-02-18)[2022-05-13].http://xxgk.jl.gov.cn/szf/gkml/201902/t20190218_5611146.html.

[43] 吉林省人民政府.吉林省优化口岸营商环境促进跨境贸易便利化工作实施方案[EB/OL].(2019-03-19)[2022-05-13].http://xxgk.jl.gov.cn/szf/gkml/201903/t20190313_5679276.html.

[44] 支持综合保税区发展 长春海关出台8项措施[EB/OL].(2020-03-19)[2022-05-15].http://sl.china.com.cn/2020/0319/80766.shtml.

[45] 解读《辽宁"一带一路"综合试验区建设总体方案》发布会举行[EB/OL].(2018-08-08)[2022-05-15].http://www.scio.gov.cn/XWfbh/gssxwfbh/xwfbh/liaoning/Document/1636324/1636324.htm.

[46] "七大专项行动"助力沈阳建设"一带一路"东北亚枢纽[EB/OL].(2019-07-03)[2022-05-13].https://news.syd.com.cn/system/2019/07/03/011753412.shtml.

[47] 大连市发布推进共建"一带一路"《实施方案》[EB/OL].(2019-03-17)[2022-05-16].http://ln.cri.cn/20190317/a37d430f-f0a4-825f-9717-b6187ed06a0e.html.

[48] 李芳,朴光姬.东北老工业基地振兴对接"一带一路"建设的路径[J].现代管理科学,2018(10):25-26.

[49] 栾泽,刘先雨.拟建大连自由贸易港的现实困境与对策研究[J].商讯,2018(18):20-21.

[50] 李轩,金博,李珮萍.中国与东北亚周边国家贸易便利化的影响因素分析[J].工业技术经济,2020(1):87-93.

[51] 冯艳芳.对辽宁沿海经济带开发产业布局的思考[J].经济问题,2009(12):126-128.

[52] 刘海波.辽宁深度融入共建"一带一路"的几点思考[J].辽宁行政学院学报,2020(1):93-96.

[53] 沿海经济带筑起辽宁对外开放新高地[EB/OL].(2019-07-03)[2022-05-17].http://ln.sina.com.cn/news/b/2019-07-03/detail-ihytcerm1076797.shtml.

[54] 陈国喜.中国图们江地区发展海洋经济的历史机遇与挑战[J].延边大学学报(社会科学版),2019,52(6):77-84.

[55] 尹炯.产业集群视域下哈长城市群协同发展路径[J].北华大学学报(社会科学版),2019(6):112-116.

[56] 张敏,胡建东.以立体化城市群建设带动东北全面振兴的对策[J].经济纵横,2019(7):57-62.

[57] 周锡生.世界大变局下的东北亚地区合作:机遇与挑战[J].国际关系研究,2020(2):70-89.

[58] 陈志恒.东北亚区域自由贸易区建设的进展与挑战[J].东亚评论,2018(2):71-85.

[59] 韩鹏,田娜.中蒙俄经济走廊建设研究[J].财经理论研究,2019(3):45-51.

[60] 刘珣.中蒙俄经济走廊建设中的国家战略耦合性研究[J].学术交流,2017(11):142-148.

[61] 米军,李娜.中蒙俄经济走廊建设:基础、挑战及路径[J].亚太经济,2018(5):5-12.

[62] 高鹏.环渤海经济圈何时突破"诸侯经济"[EB/OL].(2005-01-25)[2022-05-20].https://business.sohu.com/20050125/n224097810.shtml.

[63] 王民官.解读"天津倡议"参与区域合作[EB/OL].(2006-08-11)[2022-05-20].http://www.chinavalue.net/Finance/Article/2006-8-11/40172.html.

[64] 庞金华.在环渤海区域合作市长联席会第十五次市长会议上的工作报告[J].环渤海经济瞭望,2011(6):6-8.

[65] 刘良忠,柳新华.加快推进渤海海峡跨海通道工程的规划及建设[J].科技导报,2016(21):82-84.

[66] 钟茂初."过剩经济"背景下的若干发展难题与因应路径[J].学习与实践,2017(1):13-22.

[67] 梁昊光.北极航道的"新平衡":战略与对策[J].人民论坛·学术前沿,2018(22):92-97.

[68] 罗英杰,李飞.大国北极博弈与中国北极能源安全:兼论"冰上丝绸之路"推进路径[J].国际安全研究,2020(2):91-115.

[69] 李振福.中国的北极航线机会和威胁分析[J].水运工程,2009(8):7-11.

[70] 王进,杨继涛.辽宁自贸试验区与大连自由贸易港协同发展研究[J].改革与开放,2020(9):1-4.

[71] 王谢勇,柴激扬,孙毅."一带一路"战略下大连发展策略研究[J].经济研究参考,2015(31):51-56.

[72] 刘家国,韩宇.大连自由贸易港建设:意义、路径和模式[J].大连海事大学学报(社会科学版),2019(3):50-59.

[73] 李蔚.浅析中蒙俄经济走廊的贸易发展现状[J].内蒙古统计,2019(6):14-18.

[74] 曾颉,梁天戈,李震岳.满洲里构建中蒙俄经济走廊重要节点城市空

间发展战略探讨[J].现代城市研究,2017(5):90-99.

[75] 冯晓玲,姜珊珊."一带一路"倡议下中蒙俄经济走廊合作发展分析[J].东北亚经济研究,2019(4):18-33.

[76] 内蒙古满洲里旅游人数持续上升[EB/OL].(2019-08-31)[2022-05-20].http://pic.people.com.cn/n1/2019/0831/c1016-31329512.html.

[77] 渤海海峡跨海通道最新动态:未来或先建蓬长段,已论证29载[EB/OL].(2021-03-16)[2022-05-22].https://sd.iqilu.com/v7/articlePc/detail/7603388.

[78] 院士谈"渤海海峡跨海通道总体建设方案":最后选择全隧道[EB/OL].(2018-12-20)[2022-05-23].https://m.thepaper.cn/newsDetail_forward_2754477.

[79] 孙东琪,陆大道,王振波,等.渤海海峡跨海通道客货流量预测分析[J].地理学报,2017(8):1486-1507.

[80] 刘良忠,柳新华.跨海逐梦:渤海海峡跨海通道设想及历程[J].科技中国,2017(4):81-86.

[81] 岳鹏.共建"冰上丝绸之路"中的俄方诉求及内在挑战分析[J].东北亚论坛,2020(2):32-44.

[82] 王志民,陈远航.中俄打造"冰上丝绸之路"的机遇与挑战[J].东北亚论坛,2018(2):17-33.

[83] 张荣,郝大江.共建"冰上丝绸之路"背景下东北地区战略定位及对策分析[J].产业经济评论,2018(4):104-115.